未來更幸福 退休前必修的 12堂課!

《大家健康》雜誌 —— 採訪整理

葉雅馨 —— 總編輯

寶佳公益慈善基金會 —— 策劃

未來更幸福！
退休前必修的 12 堂課

目錄

策畫序

做好退休準備，
以免淪為下流老人！

文／賴進祥（寶佳公益慈善基金會董事長）

「老有所終」是中國儒家所欲達成的目標——讓社會年長者都有適合他們的歸宿，能活得很自在。這是政治的理想，也是眾人的願望。

「下流老人」則是最近幾年日本作家田藤孝典所創造的名詞，意指日本現有大量過著中下階層生活的老年人，這些人的特徵是：收入低、存款少、又無足以依賴的人。因礙於羞恥心，拒絕申請補助，以致流轉於醫院和照護機構之間，甚至常因為失智而成為街頭遊民，他們大多數無緣於社會，全日本一年有 3 萬 2000 多具沒人出面認領的遺體，孤獨消逝的老年人。

臺灣人口老化速度全球第一，每年大約增加 23 萬名老人，加上受到少子化、低薪、中高齡失業等因素影響，許多專家學者預言，臺灣很有可能步上日本後塵。日本人的經驗，值得作

為借鑑。

我們無緣躋身「老有所終」的崇高境界，至少不要墜入「下流老人」的悲慘歲月。為了幫助大家，提早做好退休準備，妥善規劃老年生活，為自己的人生畫下完美句點，我們決定與董氏基金會攜手合作，出版這本樂齡書籍，書名就叫做《未來更幸福！退休前必修的 12 堂課》。

這一本書不僅有現象的提醒，更重視一些老年的經驗，告訴即將步入年長者的民眾，會遇到哪些生活上及健康方面的問題，對於如何做好情緒管理？如何經營婚姻關係？如何培養運動樂趣？如何做好旅行準備？乃至於退休的財務規劃、共居與長照之相關議題，均有簡要的介紹，以及客觀的分析，非常值得一看，相信您會喜歡！

出版序

爲自己做好懂老的準備

文／姚思遠（董氏基金會執行長）

　　2018 年 1 月底董氏《大家健康》雜誌與寶佳公益慈善基金會合作出版《幸福樂齡：高年級的人生課》一書，並且舉行了一場新書分享會，當時邀請了書中 4 位受訪者，包括兩位前衛生署署長楊志良、葉金川，還有資深藝人譚艾珍、企業人合隆毛廠總裁陳焜耀，與台下多位超過 70 歲的長輩一同分享老年生活的想法，記得現場還有多位長者，年紀都超過 80 歲，他們熱情的參與活動，是「活躍老年」的最佳示範。

　　如何「活躍老年」？不管你是否接近退休年紀，都該學習如何做好懂老的準備？2019 年 5 月，我們再與寶佳公益慈善基金會合作出版了兩本書《未來更幸福！退休前必修的 12 堂課》及《樂齡圓夢實踐家》，從建立觀念到實踐，讓中年的讀者，甚至已退休的讀者，都能從書中獲得老後人生的規劃參考。

　　《未來更幸福！退休前必修的 12 堂課》這本新書，設計了 12 堂課程，我們並非像坊間規劃退休的書籍，多是強調理財、

投資等思維，而是告訴讀者，老了將遇到哪些問題？包括身體的變化、健康的問題，還有家庭關係等，進而提出如何適應這些變化，如何經營老年的生活。

高齡化的社會來臨，隨著醫療科技的發達，人也變得更長壽，即使到65歲被定義為「老人」，但如以現在平均餘命來看，人生未來還有許多年，值得好好享受人生。

如果你到了準備退休的年紀，或者擔心未來的老年生活，那這本書將很實在的建議你，該如何提前做準備，如何儲備健康能量，迎向老來更幸福的人生！

Lesson 1

拒當下流老人

原來老後這麼弱，5 大難題要先了解

「下流老人」是這幾年從日本流行過來的新名詞，源於日本社會工作者藤田孝典寫的暢銷書，這本書的副標是「即使月薪五萬，我們仍將又老又窮又孤獨」。藤田孝典常在第一線參與窮人援助工作，他在書中提到，「來求助的老人都異口同聲的說：『完全沒想到自己會陷入這種狀況』！」究竟老後有哪些困難？哪些想不到的狀況，會讓原本有錢的人，老後沒錢？

現代人懂得養生，50、60 歲時看起來還是年輕有活力，多數人都沒想到自己老了之後，身體會變得很虛弱，甚至是無自主照料能力的失能狀態，此時想依靠政府的長照，卻又發現長照補助原來這麼有限，到底老後會遇到哪些難題呢？

難題 1
原來衰老會讓我 這麼需要別人幫忙

本來輕而易舉的日常小事，沒想到衰老之後都做不了，需要別人幫忙才行，造成生活不便。

肌力大不如前

臺北醫學大學公共衛生學系教授邱弘毅指出，衰老是全身性的，老人的肌力、肌耐力都會變弱，因而影響動作的進行。像從前能夠邁大步快速地通過馬路，就算剩幾秒鐘的通行時間，只要稍微跑一下就到馬路對面了，但老了之後，肌力不足，舉步維艱，可能綠燈已變紅燈，自己卻才走到馬路中央。

亞洲大學健康產業管理學系兼任助理教授張淑卿則表示，老人家可能做許多事會感覺力不從心，可能無法提太重的東西或把東西放到高處，像是天氣晴朗時想曬棉被，卻難以做到，或是以前可以用力地刷洗衣物，老後可能力氣不夠，以致無法做到。

眼睛看不清楚

邱弘毅教授指出，老人家的聽力會衰弱，有些長者常沒聽到燒開水的笛音壺已鳴叫，有時開水已蒸發了半壺，還沒發現水煮開了；搭公車捷運時，聽不清楚到站提醒，甚至走在馬路上，連車子的喇叭聲也沒有聽到。

難題 2
原來衰弱老人
有很高比例是獨居

邱弘毅教授指出，根據衛福部的估計，臺灣約有 4 萬 5 千

名獨居老人，占 65 歲以上人口數的 1.5％，等於每 10 位老人就有一位是獨居。

如果既衰老又獨居，生活會非常不便利。許多獨居老人住在沒有電梯的老舊公寓，爬上爬下耗時耗力，也讓獨居老人不願意踏出家門。若爬樓梯時不慎跌倒，也讓獨居老人易骨折，是造成失能的主因！

身體不適卻難以發現或求助

先不提嚴重生病得住院沒人陪，獨居老人連看門診都有困難！張淑卿助理教授發現，有些老人因視力退化、對疼痛敏感度降低，常等到傷口潰爛，甚至發高燒，才發現自己生病了。就算千辛萬苦到了醫院，老人也可能因有聽力障礙或理解力下降，而聽不清楚或聽不懂醫囑。因此，獨居老人的退化速度往往比一般老人來得快。

容易被詐騙盯上

獨居老人是詐騙集團眼中的肥羊，張淑卿助理教授指出，老人因體力、應變力逐漸衰退，對於危機事件處理的速度較慢，尤其是深居簡出、

資訊封閉的獨居老人，更容易成為詐騙集團下手的目標。

難題 3

原來變成要人照顧的
失能老人機會這麼高

臺灣老人的失能率大約是 10 ～ 12％，也就是不到 10 位老人，就有 1 位失能！因此，邱弘毅教授呼籲，應重視老人失能問題！

照顧失能老人耗時費財

張淑卿助理教授指出，原本退休在家的長輩可以過著無憂無慮的生活，但若中風造成左側偏癱，雖然右側手腳能使用，但步態易不穩，家人會擔心是否安全，需要花更多時間探視。

如果是右側偏癱，可能連基本的吃飯、如廁等生活自理能力都有問題，更別說是洗澡、整理家務，此時就需要有人整天陪伴照顧。有些家庭會雇外勞或請家人照顧，但有些家庭需要夫妻雙薪才能維持開銷，若一人離職照顧，不僅照顧者辛苦，經濟壓力也會變沉重！

控制疾病就能降低失能率

邱弘毅教授指出，老人失能的源頭大多與慢性疾病（高血壓、糖尿病、高血脂）等共病有關，根據統計，八、九成的老

人至少有兩種病，五成老人患有三種疾病，雖然這些慢性病與老化有關，但若每個老人都能夠妥善控制疾病，趁早維持健康的生活型態、規律飲食、和緩運動，失能率就能大幅降低。

難題 4

原來目前政府的
長照 2.0 這麼不足

目前的「長期照顧十年計畫 2.0」（簡稱長照 2.0）服務對象除了 65 歲以上失能老人，還包括 55 歲以上失能原住民、50 歲以上失智症患者及任何年齡的失能身心障礙者。而這裡的失能指的是「身體或心智功能部分或全部喪失，且持續已達或預期達 6 個月以上，致其日常生活需他人協助者」。

長照只是「陽春麵」
不是「吃到飽」！

有些民眾以為政府提供了長照 2.0，應該不用煩惱老後的生活。其實，長照只是「陽春麵」，不是「吃到飽」！邱弘毅教授認為，就政府的負擔能力，長照本來就是提供基本需求給最需要的一群人，絕對不可能吃到飽，老年生活問題應該由民眾與政府共同面對。

張淑卿助理教授也表示，長照政策投入的預算與整個國家財政有關，目前長照政策確實僅能提供基本安全性的照顧，且

對於老年照護，每個人的需求不一樣，服務依賴度也不同。舉例來說，若是重度失能或有特殊照顧需求者，需要有技術性照顧（如：傷口護理、管路照護、每小時翻身或抽痰一次），可能需要照顧的人力及物力資源就相當多；但輕度失能者，可能多數生活可自理，但需要安全陪伴。

目前安全陪伴可能僅限於就醫陪伴，若期望提供每個老人24小時貼身陪伴與照顧，在財政上可能需要年輕人繳納更高額的稅金，民眾是否願意？

長照很難用？不知？不足？

曾有報導指出，政府的長照「很難用」，原因就在「三不」：「民眾不知」、「服務不足」、「分配不均」。然而，邱弘毅教授認為，長照2.0雖然沒有十分完美，但已經改善很多了！想要了解申請長照的大小事，可以透過全國22縣市成立的長期照顧管理中心及其分站，提供單一窗口，受理申請、需求評估及協助家屬擬定照顧計畫等業務。

張淑卿助理教授認為，過去民眾不知長照資源，主因在於尚未碰到問題，不會想關心，當開始失能、有長照需求時多半還在醫院，有醫護人員可協助，一旦出院後，照顧問題迎面而來，民眾常措手不及，沒有額外的心力去尋找政府還有哪些資源可運用。要讓民眾即時解決這問題，得靠政府宣導與醫院出

院準備服務中心無縫接軌轉介。

其實民眾覺得長照2.0不好用可能跟目前外勞太好用有關。張淑卿助理教授指出，外勞不僅24小時陪伴與照顧失能老人，有些外勞還會幫忙家庭煮飯、洗衣、打掃、帶小孩，而國內長照支付只能提供某些失能老人必要的生活照顧與專業服務。此外，許多家庭需要夜間照顧的人力，但目前長照並無提供夜間照顧服務。

現實狀況
外勞照顧失能者最多

曾有報導指出，萬一失能，過半數民眾希望「家人照顧，加上政府提供居家服務、日間照顧等長照服務」；其次為「家人自己照顧」接近兩成；外勞照顧為一成二；選擇機構照顧者近一成。但真實的照顧景況卻不同，有失能者的家庭，以外勞照顧最多，逾四成以上；其次是家人照顧，占三成六；再來是機構照顧，占15.8％；家人照顧加上政府提供的長照服務者，不到5％。

張淑卿助理教授指出，許多家人不管再怎麼忙，都願意付出時間與心力協助失能老人，但當周圍資源不夠時，民眾難免想雇用外勞，因為聘雇外勞可提供較長時間的全包服務！她呼籲，若長照服務沒有因應現今社會多元的上班模式而更有彈性，

長照恐無法符合民眾的需求，外
勞聘請量只會逐年提高。

難題 5

原來失能要長照的費用
遠超過想像

現在有繳國保年金，老後靠
這幾千元夠嗎？張淑卿助理教授
指出，老人與年輕人最大的不同
是就醫需求增加，就算有健保，還是要部分負擔，除非是低收
入等特別身分，此外，交通費也增高不少，若是失能的老人不
太可能搭著公車或捷運外出就醫，因此，國保年金一定是不夠
的。

住家裡有外勞協助就要 4 萬

如果只是一般老化，老人家在家裡可以正常行動，一個月
基本開銷就要 1 ～ 3 萬元。張淑卿助理教授表示，若是住在家
裡，部分外勞協助，部分家人照顧，依照現在的行情價，至少
也要 3 ～ 4 萬元。

倘若中重度失能者需要養護機構或護理之家照顧，邱弘毅
教授指出，一般公立護理之家的費用差不多 4 萬元（還不包含
耗材），若加上尿布、營養品就要 5、6 萬，若再加上看護的費

用，一個月 8、9 萬是一定要的。不管 1 ～ 3 萬，還是 4 ～ 9 萬，對於多數民眾來說，都是沉重的負擔。

管理財產才不會變老又變窮

除了長照的高額費用之外，小心辛苦了大半輩子存下來的積蓄，一夕之間就消失了！張淑卿助理教授提醒，老人重要的不是存了多少錢在口袋，而是要懂得管理財產；當老人知道自己的認知能力與判斷力不足時，就要適時信託，否則可能因被騙、被盜、被啃老或胡亂投資等因素，落入又老又窮的窘境。

女性失能比例高，怎麼早一步覺察

高齡時代來臨，你或你的父母已準備好迎接了嗎？每個人都希望長壽而健康，但統計卻發現，臺灣女性活得久，卻活得不太健康，從 65 歲起失能比例就比男性高。到底想無病無痛又長壽，中年後該怎麼保養？若父母因疾病而住院，要怎麼照顧，才能避免他們永久失能臥床？本報導讓您在照顧父母及規畫自己未來的生活上更有準備！

活得久一定比較健康，活得比較好嗎？臺灣女性平均壽命逐年增加，此刻已達到 83.3 歲，但根據國民健康署的統計顯示，女性雖然活得久，卻活得不太健康，尤其是失能風險比男性來得高。長期臥床，吃飯、洗澡、穿衣、如廁都需要別人照料，下床需要有人攙扶，出門要坐輪椅，身心受到病痛折磨，連日常生活都無法自我打理。

什麼是失能？

臺大醫院竹東分院院長、專長老人醫學的詹鼎正醫師解釋，

「失能」是指失去自理日常生活的功能，也就是從早上睜開眼睛、下床、刷牙洗臉、上洗手間、換衣服、吃早餐、外出買菜、搭公車等看似簡單的生活功能，如果漸漸覺得使不上力，做起來很吃力，或是病倒之後，喪失了這些照顧自我的能力。

國民健康署曾進行調查顯示，65 歲以上長者失能比率達17.4％，男性與女性分別為 12.9％和 21.6％，女性長者失能比率比男性長者多將近一倍，而且年紀愈大，失能比率愈高，65 ～ 74 歲女性長者失能比率為 11％，75 ～ 84 歲女性長者失能比率為 32.9％，85 歲以上女性長者失能比率為 49.7％，到了85 歲，幾乎有一半的阿嬤都有失能的可能。

為何失能的阿嬤比阿公多

主因 1》年長女性比年長男性多

臺北榮民總醫院高齡醫學中心高齡醫學科主任彭莉甯表示，人老化了，功能跟著衰退，肌肉量及骨密度流失加速，容易有虛弱及肌少症傾向，這是失能的主要原因，目前國內的女性年長者比男性年長者多，相對失能人數自然也會較多。

主因 2》女性肌肉及骨密度比男性少

一般人的肌肉量和骨密度在 30 ～ 40 歲間達到巔峰，之後開始走下坡，從 40 ～ 70 歲，肌肉量每 10 年約減少 8％，且年紀愈大，肌肉量流失愈快，如果一位女性 30 歲時，肌肉組織約

20 公斤，到了 60 歲，會萎縮到剩 15 公斤。

詹鼎正院長表示，女性肌肉量及骨密量原本就比男性少，得到肌少症及骨鬆症的比例會比男性高，如果從椅子上站起來，走 3 公尺，轉身，再走 3 公尺，然後坐下，一般約需 10 秒，如果超過 20 秒，就可能有肌少症，稍一不慎，跌倒、骨折風險提高，出現失能的機會跟著增加。

彭莉甯主任表示，臺灣傳統觀念認為，跌倒、骨折後最好臥床休息，藉此預防再度跌倒，殊不知臥床的老人家沒機會使用肌肉，肌肉量流失速度會更快，平均 10 天就會流失 1 公斤的肌肉量，反而加快失能的速度，因此跌倒、骨折的病人及家屬，不要讓老人家整天臥床休息，仍要積極地增加活動量，以降低肌肉流失速度。

年過 65 歲，阿嬤失能比例比阿公多

	阿嬤（％）	阿公（％）	全部（％）
整體	21.6	12.9	17.4
65～74 歲	11.0	5.2	8.3
75～84 歲	32.9	18.8	25.7
85 歲以上	49.7	38.9	44.6

主因3》更年期女性荷爾蒙變少
　　　　提高肌肉流失量

　　女性荷爾蒙和女性健康息息相關，是保護女性健康的物質，彭莉甯主任解釋，進入更年期的女性，<u>因女性荷爾蒙分泌量減少，骨質流失率可達 2％～ 3％</u>，容易造成骨質疏鬆，稍一不慎常會跌倒、骨折，另外，<u>女性荷爾蒙降低也與肌肉流失相關，當女性荷爾蒙不足時，肌肉流失速度加快，肌少症的可能性變高，也會增加失能的機會。</u>

主因4》女性運動量比男性少

　　與男性相比，女性運動量明顯不足，國健署 2015 年調查顯示，臺灣人高達 76％一星期的運動量不足 150 分鐘，其中女性高達 83％活動量不足，幾乎八成的女性不愛運動；另外，2009 年所做的調查顯示，65 ～ 74 歲女性與男性運動比分別為 55.1％、61％，75 ～ 84 歲女男運動比 43.6％、56.6％，85 歲以上女男運動比 31.4％、47.7％，也就是說任何年齡階層的長者，女性運動量都比男性少。

　　彭莉甯主任解釋，<u>運動量不足時，原先肌肉會流失，也無法鍛鍊增生新的肌肉纖維，很容易讓長者跌倒、骨折，接著臥床，不敢再運動，肌肉量會惡性循環繼續流失、沒有力氣，最後出現活動功能喪失的情況。</u>

　　建議長者平時除了多走路，維持肌力與平衡感，也可請復健科醫師、物理治療師指導在家如何進行增強肌肉的運動，譬如使用彈力帶、啞鈴、踩飛輪等，這些能增強肌肉的低阻力運動會使肌肉增大、增厚，肌肉纖維量變多，這都有助於長者遠離失能的風險。

　　老人失能常是功能老化加上疾病造成，彭莉甯主任提醒，即使失能了，愈早介入預防失能及恢復功能的訓練，進行復健活動及規律運動，就有機會提早恢復正常。

如何判斷老人家是不是失能？

　　目前評估「日常生活活動功能」（ADLs）的工具有幾種，最常使用的是巴氏量表（Barthel Index）。民眾若想依據「長期照顧十年計畫」的辦法申請長照管理中心的援助及協助，長照中心也會使用「巴氏量表」來評量失能的程度，若無法進行「進食、移位、如廁、洗澡、平地走動、穿脫衣褲鞋襪」6 項功能中的任何 1 項，就視為輕度的 ADLs 失能。

　　另外，長照十年計畫還將「工具性日常生活活動功能」（IADLs），包括上街購物、外出活動、食物烹調、家務維持、洗衣服等項目，一併納入評估範圍，訂出輕、中、重度失能標準，經審核後，可申請政府提供的失能照顧。

　　以下為「巴氏量表」及「工具性日常生活活動功能量表」，

這兩個量表主要供專業人員評估個案近 1 個月的表現，民眾可嘗試自我檢測，但是否失能還是要請專業人員進行評估。

巴氏量表

以最近一個月的表現為準		
項目	分數	內　容　說　明
1. 進食	10 ☐ 5 ☐ 0 ☐	自己在合理時間（約十秒鐘吃一口）可用筷子取食眼前的食物。若需進食輔具時，應會自行穿脫。 需別人幫忙穿脫輔具或只會用湯匙進食。 無法自行取食或耗費時間過長。
2. 個人衛生	5 ☐ 0 ☐	可以自行洗手、刷牙、洗臉及梳頭。 需要他人部份或完全協助。
3. 上廁所	10 ☐ 5 ☐ 0 ☐	可自行上下馬桶、穿脫衣服、不弄髒衣服、會自行使用衛生紙擦拭。 需要協助保持姿勢的平衡、整理衣服或用衛生紙。 無法自己完成。
4. 洗澡	5 ☐ 0 ☐	能獨立完成（不論是盆浴或沐浴），不需別人在旁。 需別人協助。
5. 穿脫衣服	10 ☐ 5 ☐ 0 ☐	能自己穿脫衣服、鞋子，自己扣釦子、上拉鍊或綁鞋帶。 在別人協助下，可自己完成一半以上的動作。 不會自己做。

6. 大便控制	10 ☐	不會失禁，能自行灌腸或使用塞劑。
	5 ☐	偶爾會失禁（每週不超過一次），需要他人協助使用灌腸或塞劑。
	0 ☐	失禁，無法自己控制且需他人處理。
7. 小便控制	10 ☐	能自己控制不會有失禁，或能自行使用並清潔尿套、尿袋。
	5 ☐	偶爾會失禁（每週不超過一次）或尿急（無法等待放好便盆或及時趕到廁所）或需要他人協助處理尿套。
	0 ☐	失禁，無法自己控制且需他人處理。
8. 平地行走	15 ☐	使用或不使用輔具，皆可獨立行走 50 公尺以上。
	10 ☐	需他人稍微扶持或口頭指導才能行走 50 公尺以上。
	5 ☐	雖無法行走，但可以操作輪椅（包括轉彎、進門及接近桌子、床沿）並可推行輪椅 50 公尺以上。
	0 ☐	完全無法自行行走，需別人幫忙推輪椅。
9. 上下樓梯	10 ☐	可自行上下樓梯，可使用扶手、柺杖等輔具。
	5 ☐	需他人協助或監督才能上下樓梯。
	0 ☐	無法上下樓梯。
10. 上下床或椅子	15 ☐	整個過程可獨立完成。
	10 ☐	移動身體時需要稍微協助、給予提醒、安全監督。
	5 ☐	可以自行坐起，但從床上坐起時或移動身體時需要他人協助。
	0 ☐	不會自己移動。
總分		

巴氏量表總分為 100 分，0 ～ 20 分為完全依賴；21 ～ 60 分為嚴重依賴；61 ～ 90 分為中度依賴；91 ～ 99 分為輕度依賴；100 分為功能獨立。

工具性日常生活活動能力量表（IADLs）

以最近一個月的表現為準	
1. 上街購物 【□不適用（勾選「不適用」者，此項分數視為滿分）】 □ 3. 獨立完成所有購物需求 □ 2. 獨立購買日常生活用品 □ 1. 每一次上街購物都需要有人陪 □ 0. 完全不會上街購物	
2. 外出活動 【□不適用（勾選「不適用」者，此項分數視為滿分）】 □ 4. 能夠自己開車、騎車 □ 3. 能夠自己搭乘大眾運輸工具 □ 2. 能夠自己搭乘計程車但不會搭乘大眾運輸工具 □ 1. 當有人陪同可搭計程車或大眾運輸工具 □ 0. 完全不能出門	勾選 1. 或 0. 者，列為失能項目。
3. 食物烹調 【□不適用（勾選「不適用」者，此項分數視為滿分）】 □ 3. 能獨立計畫、烹煮和擺設一頓適當的飯菜 □ 2. 如果準備好一切佐料，會做一頓適當的飯菜 □ 1. 會將已做好的飯菜加熱 □ 0. 需要別人把飯菜煮好、擺好	
4. 家務維持 【□不適用（勾選「不適用」者，此項分數視為滿分）】 □ 4. 能做較繁重的家事或需偶爾家事協助（如搬動沙發、擦地板、洗窗戶） □ 3. 能做較簡單的家事，如洗碗、鋪床、疊被 □ 2. 能做家事，但不能達到可被接受的整潔程度 □ 1. 所有的家事都需要別人協助 □ 0. 完全不會做家事	

5. 洗衣服

【□不適用（勾選「不適用」者，此項分數視為滿分）】

□ 2. 自己清洗所有衣物

□ 1. 只清洗小件衣物

□ 0. 完全依賴他人

6. 使用電話的能力

【□不適用（勾選「不適用」者，此項分數視為滿分）】

□ 3. 獨立使用電話，含查電話簿、撥號等

□ 2. 僅可撥熟悉的電話號碼

□ 1. 僅會接電話，不會撥電話

□ 0. 完全不會使用電話

勾選 1. 或 0. 者，列為失能項目。

7. 服用藥物

【□不適用（勾選「不適用」者，此項分數視為滿分）】

□ 3. 能自己負責在正確的時間用正確的藥物

□ 2. 需要提醒或少許協助

□ 1. 如果事先準備好服用的藥物分量，可自行服用

□ 0. 不能自己服用藥物

8. 處理財務能力

【□不適用（勾選「不適用」者，此項分數視為滿分）】

□ 2. 可以獨立處理財務

□ 1. 可以處理日常的購買，但需要別人協助與銀行
　　往來或大宗買賣

□ 0. 不能處理錢財

註：上街購物、外出活動、食物烹調、家務維持、洗衣服等五項中有三
　　項以上需要協助者即為輕度失能。

長照計畫將失能程度分為輕、中、重度三級

失能程度	評估標準
輕	經巴氏量表評估後，在「進食、移位、如廁、洗澡、平地走動、穿脫衣褲鞋襪」6 項中，有 1 ～ 2 項需要他人協助。
	經 IADLs 評估後，在「上街購物、外出活動、食物烹調、家務維持、洗衣服」5 項中，有 3 項以上需要他人協助且獨居的老人。
中	經巴氏量表評估後，6 項中有 3 ～ 4 項需要他人協助。
重	經巴氏量表評估後，6 項中有 5 項需要他人協助。

Lesson 2
儲備健康能量

盡情揮灑你的人生下半場！

人生如同一場球賽，進到下半場後，面對生活步伐與身體生理機能的改變，難免感到恐慌，甚至有些茫然，如想在下半場活得精彩，一定得了解自我身體的變化，調適好心態，儲備更多的健康能量。

50 歲的「女人」該知道的事

這時妳會進入更年期，受生理不適影響，認為自己的生命進入「暮年黃昏」，不再年輕美貌，心態的衰老經常伴隨更年期生理症狀到來。當然，也有人並非如此，熱情不減當年，精力依舊旺盛，繼續追求夢想，他們的生活多采多姿，維持高生活品質。.

臺灣大學社會工作系臨床教師陳韺指出，父母會抱怨青春期的孩子叛逆、難溝通，事實上，更年期也和青春期一樣，都面臨「我是誰」的困惑及危機，對未來感到茫然、恐慌，努力思索自己的定位和價值，這是很自然的現象。

　　她以「考試」比喻人生，若青春期是小考，更年期則是期中考，每個人在此時拿著成績單反省過去，試圖在愈來愈少的時間內調整步伐。而考試結果總是「幾家歡樂幾家愁」，對分數不滿意的人，可能因而萌生失望、憂鬱、悲觀的情緒。

50 歲的「男人」該知道的事

　　男性其實也會遇到更年期的問題，需注意情緒變化，年紀漸長的男性，為事業奮鬥的心態也成為過去，漸有「夕陽無限好，只是近黃昏」的感嘆。

　　書田紀念醫院泌尿科診所主任黃榮堯指出，女性更年期的保健觀念行之有年，男性更年期則是近 10 幾年才受到關注。由於男性荷爾蒙分泌減少，也會出現與女性類似的症狀，其中，性功能和性慾會衰退得較為明顯。

　　在臺灣，多數男性不懂得更年期方面的相關知識，當症狀出現時，常認為是人老了，或懷疑身上有毛病，同時放縱情緒，無法自我控制。黃榮堯主任建議，男性要學習釋放壓力，消除不必要的緊張，並維持規律生活，飲酒要適量，切忌貪杯，並戒菸以預防心血管疾病。

　　一般來說，男性更年期的症狀沒有女性強烈，身為丈夫，應多體諒處在更年期妻子的不良情緒，以體貼關心取代無端指責。有時勸導他人實際上就是勸導自己，教育別人的過程，往

往也能自我教育；夫妻相互安慰、體貼，以順利度過更年期。

該如何與伴侶重拾失落的情感？

此時，夫妻能否彼此扶持，攜手度過更年期，便格外重要。然而，中年夫妻重回兩人世界著實不容易，年輕時無法忍受的缺點、矛盾，或因孩子、工作而長期疏離的內心情感，都可能在朝夕相處間爆發衝突，形成「一人怕悶，兩人嫌煩」的窘境。社工師陳馦表示，中年是外遇的高峰期，在重新認識自己之外，更應學習如何與伴侶共處，互相鼓勵。

國泰醫院婦產科主治醫師賴宗炫強調，更年期不是一種疾病，也不意味老年，而是生理、心理及生活模式的轉變，生命必經的階段。若能多瞭解更年期的相關資訊，以樂觀健康的態度面對生活，更年期可成為「下半場生命的契機」。像保持良好人際互動、擴展社交圈、投入志願服務工作、有效運用閒暇時間，都可幫助男性或女性度過更年期，並提高生活品質。

如何調整生活方式
因應生理困擾？

賴宗炫醫師進一步指出，伴隨更年期而來的生理變化，會令許多人感到不適或困擾。經常出現的症狀包括熱潮紅、盜汗、心悸、失眠、易疲倦、性格及情緒不穩定、焦躁不安、憂鬱、容易動怒、骨質疏鬆症、陰道或尿道發炎、陰道乾澀、心血管

疾病、皮膚老化與皺紋增加等。

當出現更年期症狀時，因應之道是注意飲食及生活模式。賴宗炫醫師建議，多補充營養的食物、高鈣食品、蔬菜水果等，少吃肉類，以控制體重。若荷爾蒙分泌減少，導致更年期生理症狀，可多攝取豆類製品以增添植物性荷爾蒙。

另一方面，保持運動的好習慣，每天至少運動 20 ～ 30 分鐘，達到流汗程度，像跳有氧舞蹈、騎腳踏車或爬樓梯，既可獨力完成，也能結伴參與。必要時，可請教專科醫生，提供更年期保健知識及處方。

至於如何維持親密行為的品質？更年期女性因為陰道上皮變薄、陰道乾澀，易性交疼痛，可局部補充雌激素或塗抹陰道潤滑液，也可採取口交等替代方式。賴宗炫醫師強調，性生活「重質不重量」，只要雙方覺得滿意就好，並不需要強求次數或方式。

3 個原則順勢調整心境

生理上的衰老是不可抗拒的，心理狀態卻可以調節。心理能影響生理變化，尤其不良的心理狀態，會加劇生理功能的紊亂，促使疾病發作。因此，保持良好、年輕的心態，有助於減輕更年期症候群的症狀。尤其是已停經，但沒有不適症狀的女性，不必認為自己垂垂老矣，「人老心不老」，更年期或許是

人生另一個全新美好的開始。

陳韺提出了 3 個更年期調適心境的原則，「檢視自己」、「開放思考」、「重新選擇」。首先，應檢視自己的發展歷程，及擁有的人際資源、經濟資源和社會資源，資源愈多，成功調適心境的可能性愈高。更重要的是突破執著，時常保持開放的心態，以應付生命中這段大變動，「思想僵化的老頑固，得比別人下更多功夫」。

更年期的人發現自己來到了人生十字路口，常不知該選擇舊路或是新方向。陳韺提醒，扮演照顧者的角色及追求嶄新的個人領域，並不抵觸，可以將生活重心從孩子身上轉移開，分散至自我、夫妻或社會方面的探尋，「重新選擇」就是換個方式經營自己和家庭。

而思考模式如何轉化？首先，學會轉移矛盾情緒，傷心、焦慮、生氣時，設法消除或緩和，如出去看戲劇、聽音樂、賞畫、訪友、結伴郊遊等，有利於保持精神愉快。平時與伴侶一起培養廣泛的嗜好，不僅可作為豐富的聊天題材，也能從中尋找自己的能力與價值，並引以為樂。

從人際交往活出自我

人際交往對處在更年期的人十分重要，尤其是單身者。在與人互動的過程中，可以交換觀點與想法，尤其有不愉快的事，

講出來既解除內心的鬱悶，又能得到朋友的幫助、安慰和理解，心情會好得多。另一方面，陶冶性格，培養自己成為樂觀、風趣、詼諧、幽默、性格開朗的人；處世待人要心胸開闊，寬厚為懷，不事事斤斤計較，患得患失。

更年期時心理的改變很複雜，與本身的性格、體質、工作環境和心理素質有關。家人應給予更多關心和寬容，和睦的家庭氣氛對維護更年期女性或男性的心理健康很重要。陳韺表示，若掌握上述 3 個原則，單身者同樣能開心迎接新生活，積極拓展人際交往和社會參與，或可考慮宗教信仰，憂鬱時也有人能傾訴心事，不致於鑽牛角尖。

未來老後生活，如何過得幸福健康？

　　你知道嗎？研究發現，懂得禪修或冥想靜坐的法師和修女，海馬迴記憶功能特別強，比較不容易失智。想要幸福終老，光是身體健康是不夠的，心理健康、精神愉快更是活躍老年的關鍵，而且不要等開心的事找上門，而是要主動尋找開心的事……

案例

　　櫻美奶奶（化名）今年88歲，不但手腳俐落、全身軟Q，行動自如的她，還常提著菜籃上市場採買，每天樂在料理三餐給家人吃，胃口甚至好過兒孫輩。為了體貼兒孫都在工作，每天都會幫全家洗曬衣物，閒下來時便在陽台種菜、種花，或約朋友進香拜拜，很懂得享受老年生活。

　　最近健保局志工打電話到家中，查問櫻美奶奶是否「健在？」，奶奶說自己是本人，志工詢問她，為何連續幾年都沒就醫紀錄，奶奶中氣十足說：「我身體好好的，不用去醫院吧！最後一次使用健保卡好像也是去洗牙，不是去看病。」志工對

奶奶精神矍鑠佩服不已。

樂齡要件
身體要健康，精神要愉快！

長壽是福還是禍？各種案例都顯示，若能「身體健康，精神愉快」，長壽就是值得祝福和喜樂的事，而且衰老失能的時間也會自動延後；但如果其中一項缺失或兩項都不具備，那麼長壽就會變成是種懲罰和折磨，日子不但過得不開心，甚至還會覺得恐慌無助、度日如年。

中山醫學大學醫學社會暨社會工作學系助理教授郭慈安說，戰後嬰兒潮一代，已大舉邁入 70 歲，2018 年 4 月臺灣也正式成為高齡國家，平均每 7 位國民中就有 1 人是老人。國內長照 2.0 雖然從 2017 年開始推動，但長照人才及人力不足，一時三刻很難補足，而各地日間照顧或安養機構有時也要排隊才進得去，所以如何在宅老化，成為最可行，也不得不行的方

式。

　　郭慈安指出，老年生活品質要好，生理和心理健康要並重，許多案例都顯示，從年輕一直維持活動力到老年，是最理想的狀態，反而是一心想著「好命，就是什麼事都不用做」的人，很快就會衰弱無力，漸漸地變得失能又失智。

　　即使退休，郭慈安認為，持續讓生活充滿「預定要做的事」很重要，不論上課聽演講、運動健身、下棋打牌、當志工、和朋友約會聊天、做好吃的飯菜給子孫享用等等，身體或心理的活動都可以，畢竟人一閒下來就會覺得無聊，無聊就覺得生活無趣，容易產生負面念頭。更重要的是，老了要有新朋友，和人保持聯繫，也比較不顯老；有新鮮事做，有事要麻煩別人時，

也比較有人樂於關心。

參與社會
也學會關懷別人

目前社會上有各式各樣的銀髮服務機構，政府也曾推動「年輕老人為年長老人服務」的構想，但實際情況是多數銀髮服務機構互不交流，以長青學苑和社區大學為例，大多數前往的都是健康無病的老人，且通常只為單一的學習目的前往，下課後成員各自散去，很少再集結成小團體，互相聯誼或彼此關懷。

至於中南部成立的「社區關懷據點」（北部則是「老人福利中心」），前往者多半是在健康上有照護需求的人，這些人不太會去長青學苑和社區大學，形成各自分流的狀態。「美國有位學者到臺灣訪察，發現臺灣的老人服務機構，各自吸引差個 5、6 歲的老人，形成某種打不破的世代隔閡。」郭慈安認為，目前亟待設計一種可以涵蓋 70 ～ 90 歲跨世代且連續性的服務，讓老人融合，而不是區隔，更不是出外參加活動，結束後又回到沒人關懷的蝸居。

事實上，「以老助老」絕對是可行的，70 歲服務 80 歲，80 歲服務 90 歲，不論社區電話問安或到宅關懷訪視，如果能找出回歸社區的服務誘因，就可以建立比長照更綿密的服務體系。

學著感恩和分享
讓身心更平衡

在揚生基金會營造的揚生六〇館社區客廳裡，有活動室、交誼廳，可以玩桌遊、下棋、看書報雜誌、使用按摩椅，健康諮詢室則有固定駐點的護理師或營養師提供指導。為了鼓勵民眾活躍老年，揚升基金會網羅經驗豐富的運動教練、營養師、護理師、健康管理師等專業建議，打造最適合臺灣銀髮族的養生樂活課程——自癒力教室。

揚生基金會執行長許華倚提到，自癒力教室課程每階段兩個月，一共三階段，初階進行方式主要是講課不超過 20 分鐘＋100 分鐘多元互動體驗，例如：鍛練記憶力的桌遊 PK、日本很流行的方塊踏步，由淺入深走步伐、老人團康（八堂課後要記住全班人的名字）、小遊戲讓彼此聊天認識。中階則透過八周的練習加上作業，建立完整的生活規律。高階主要是心靈課程，學習如何和自己相處，如何面對生活壓力及如何處理情緒，學習正念、靜觀靜坐及呼吸，找回當下的美好，讓身心比較平衡。

過程中，最難打開的就是「人際分享」的第一扇門，所以特別設計一個「感恩」活動，由講師帶著長輩用十根手指頭，想想一生中最想感謝的十個人（或十件事物），用筆寫下為何感恩爸媽、另一半、兒女、司機、收垃圾的人……。

　　對長輩來說，這真是一個尷尬的過程，不是想不出值得感恩的人，就是不願分享，但經過慢慢醞釀引導，很多人在過程中開始流淚了。發現原來自己的生命很美好，體悟到「原來周遭有這麼多人在幫助我、照顧我，讓我的生活變很好，其實我過得不錯。」

　　許華倚相信，心存感恩，對生理、心理都會產生正向影響。「分享的門一旦打開，就會看到不一樣的天空，生活變得不同，原本不跟人打招呼的，開始看到鄰居、親友會點頭，大家卸下心防，雙方釋出正能量，人際之間的氣氛就不一樣了。」

放慢速度
留心身邊美好的人生風景

　　有長者感性分享，以往三月櫻花開，都會衝去陽明山看櫻花，後來發現住家巷口就有一棵超大的櫻花樹，美麗不亞於風景區，在社區住了 20、30 年竟然都沒好好欣賞，可見不必捨近求遠，多觀察周遭人事物，就有很多美麗的人生風景，可以快樂的活在當

下。

　　許華倚說，這些學員不見得都是高知識分子，也不見得都是剛跨過 60 歲門檻的人，當 90 歲的老大哥也樂在學習，給後輩鼓勵真的很大。當然也有人始終在門邊質疑，覺得都是些「老生常談」，但進來上課後，重新學會喝白開水，竟意外改善困擾已久的尿蛋白問題，免於洗腎的威脅。

　　更重要的是，身心會相互影響，上了年紀一定要學會如何和自己相處，面對生活壓力時，知道該怎麼處理情緒，找回當下的美好，每天吃得下、睡得好、笑得出來。許華倚也很鼓勵長輩們透過靜坐覺察或心靈寧靜，讓腦部產生正念，減少失智的可能。

　　許華倚引用國際腦部核磁共振研究指出，有 20、30 年禪修經歷的法師，幾乎都不會罹患阿茲海默症，因為他們的海馬迴記憶功能特別強，比較不容易失智。此外，精神醫學界曾研究數十位修女死後的腦部組織，同樣發現修女們透過冥想靜坐和終生服務他人，海馬迴比較大，即便其中少數腦部有病變，卻直到死亡都沒出現失智現象。

Lesson 3
學會情緒管理

如何化解怒氣，轉化壞心情？

情緒管理是人生重要的一課，隨著步入「知天命」的年齡，該如何安定自己的心境？在生氣時，又該如何緩和情緒，還有心情不佳時，怎麼轉換壞情緒？

「你總說要帶我出國，結果呢？都快退休，從來沒有！」氣極敗壞的秀琳委屈地看著先生，責備他只會開空頭支票……。心理專家指出，人會生氣是因為有所期待，當期待落空，就容易產生負面情緒。究竟當怒氣湧起時，該如何發揮「轉念」功力，跳出壞心情的泥沼？

當僵持不下時
先離開現場緩和緊張

前台灣輔導與諮商學會理事長張德聰，顯少遇到讓自己很生氣的情境，只有一次印象較為深刻，在一個公部門委託研究案的報告會議中，一位政府官員不瞭解情形便直接否定他與團隊的研究，且官員未指出具體事實，只憑個人意見，在多位專

家學者面前令他感覺很難堪。

　　遇到這種情況，張德聰表示，降低忿怒的方法通常有 3 種，分別是壓抑（採低姿態將情緒隱忍下來）、回擊（反駁回去）、折衷（用委婉的態度表達出不同的意見），當時，他選擇用下列作法來緩和情緒：

Step1》自己先深呼吸，平撫情緒。

Step2》詢問對方：「請問，您覺得不妥的是哪個部分？」（對方答不出所以然。）

Step3》再反問對方：「您是否從過去的經驗中，讓您覺得應該做這樣的結論？」（對方還是說不出所以然。）

Step4》進一步解釋這項研究如此進行的原因。（對方也就不再反對。）

　　被人刁難或誤會，張德聰說明，此時若暴跳如雷，氣氛會變得很僵；但壓抑情緒不回應或採低姿態應對，會令當事人覺得不舒服或委屈。建議不妨先接受，但不等於認同，等彼此接納後再進一步說明。像他主持會議，若發生兩方僵持的情況，他會先暫時休息幾分鐘，緩和氣氛再行討論。

抒發情緒也要反觀自己

　　人為何會「生氣」，觀新心理成長諮商中心治療師王鳳蕾指出，是因為「有期待」，當期待落空或不如意，就衍生出「生

氣」的極端情緒。生氣隱含兩種層面：失望，「氣事情不如預期」；氣別人，「你讓我的期待落空」。因此，有怒氣時不妨說出「我現在好生氣」等話，讓不滿的情緒有出口。

如何化解怒氣？她比喻，當事情不順心，如一把刀射過來，此時可選擇：閃身側過不被射到（我不去接那把刀）；把刀接過來再射回去（反擊對方）；接刀後放在地上（接受你生氣，但我不隨之起舞）。

可是，在適當抒發情緒後，再來就要對問題負責。理性的思考，這件事過了五年後，對自己還重要嗎？假如不重要，就放下，沒什麼好計較。假如重要，是否有做不好或可以再更好的地方，靜下來反觀自己從這件事學到什麼，並自問如何調整能做得更圓滿？其實，發生不愉快，也在考驗人的處事智慧，若能藉事練心，往正向去想，也就沒什麼事能令自己操煩。

如何 2 分鐘轉換壞心情？

生活上遇到令自己很生氣的事時，心理諮商專家、張老師基金會執行長張德聰建議可運用以下方法轉念：

步驟 1》 接納自己是有情緒的。

步驟 2》 說出來、寫下來或離開，先緩和情緒。

步驟 3》 轉念關鍵：「繼續生氣對我有用嗎？對事情有幫助嗎？」

步驟 4》 用合理的想法取代不合理的想法，例如：別落入「他是故意找麻煩，或說我壞話的人是壞人」等思考角度，不妨試著想「這些人對我好，讓我有省思的機會」。

若被誤會，如何轉換心念，平心靜氣向對方解釋？觀新心理成長諮商中心治療師王鳳蕾建議 3 技巧：

Tip 1》 先問自己，是否需要對方的肯定？

Tip 2》 若答案是需要，向對方澄清時，不妨這麼問：「你這樣說，是覺得哪裡不妥？」若對方回：「沒有，我只是告訴你。」情緒也就不用隨著對方起舞。

Tip 3》 當對方說出不同意的部分，可試著解釋自己的想法。

7招情緒管理，到老都受用

　　董氏基金會曾針對臺北地區的民眾進行一項關於「生氣」的統計調查，結果顯示，有15%的人每天都會生氣，有六成以上的人每週會生氣一次。若長期處在這種負面的情緒狀態，不只有礙身心健康，也會間接影響生活品質和人際相處。究竟當憤怒的怒火湧現時，該如何緩和情緒？

1. 了解自己的情緒。隨時提醒自己目前是何種情緒，並了解為何產生這樣的情緒，做出適當的反應。

2. 當產生負面的情緒時，首先要自我察覺，並試著釐清情緒產生的原因是什麼。

3. 了解了自我情緒的狀況後，不要壓抑情緒，應適當地讓情緒發洩出來。

4. 學習如何適當表達情緒，這是學問，也是藝術，避免與他人的負面情緒摩擦「走火」。

5. 千萬不要隨對方的情緒起舞，應該保持冷靜的頭腦，明白對

方有產生情緒的權利，自己可以試著了解對方的情緒，並從對方的立場去體會他的感受。

6. 不論自己或對方，在表達情緒之後，並不代表壓力可以全部解除，所以應選擇適合自己且能有效紓解情緒的方式來紓解壓力。

7. 如果仍無法紓解壓力時，就要向專業人員尋求協助。

男人退休前，該做的心理準備

相對於女性，男性在退休的心理建設有時並不如女性，因為男性總會把工作擺在第一順位，當退休時，好不容易回歸家庭，卻容易與家人磨擦，此外也會對自己是否真要退休，產生徬徨，進而感到失落⋯⋯

案例

李老師退休前聽同事們說：「軍公教人員是臺灣最有資格享受退休生活的族群⋯⋯」想想女兒已成家，兒子也已就業，就算不靠子女，退休金也足以維持以往的生活水平，所以老神在在的沒把榮退當一回事，沒想到退休後不到三個月，竟被子女押著去看精神科，讓他既生氣又覺得窩囊。

「心苦比日子苦更痛苦啊！以前教再調皮的孩子也有辦法，可是遇到老婆和老媽的戰爭，我兩面不是人，討饒也不成，只好躲起來省得心煩。」李老師有個強勢的媽媽，過去老婆在他安撫下，每天一早把家人送出門後，就和一群社區媽媽到處

當志工，婆媳少見面少磨擦，倒也相安無事。

沒想到李老師退休後，媽媽整天在兒子耳邊嘀咕：「過去你上班，她不在家就算了，如今你退休在家，做老婆的還整天往外跑……」硬逼著孝順的李老師，要拿出權威，嚴令太太在家陪伴自己。

這一提議，彷彿捅到蜂窩般，老婆對婆婆多年的積怨整個爆發：「為什麼你媽媽說的全對？我做了一輩子傭人，難道你退休我還要改變生活，留在家裡伺候你？為什麼你不能照顧自己或去找朋友，非要黏著我？」

婆媳相持不下，李老師無計可施，又不能像過去一樣藉口加班留在學校，只好一個人搬到過去購買的小套房住，整天唉聲嘆氣，覺得「活著沒意思」，最後才被孩子強迫去看精神科。

退休前首要課題
重新融入家庭

像上述李老師這樣子，

退休後家人摩擦變多的案例，比比皆是。多數男人認為前半生只要努力工作、賺錢養家，幾乎就已盡了為人夫、為人父的責任。國際演說家暨兩性婚姻專家吳娟瑜指出，就一個完整的人生來說，工作只占 1/7，其餘的面向還包括健康、親情、財富、成長、休閒、社會服務等六大人生規畫。

因此，人夫、人父在退休前，一定要趁早重新學習如何和太太、子女相處，及如何融入家庭，以免退休後無法和家人互動。不少男人驚覺當年不斷企盼先生多參與家庭活動的太太，如今每天生活安排滿檔、交遊滿天下；當年老愛纏著爸爸陪他玩的孩子，如今也因缺乏共同話題而相對無言；反觀自己，退休後只能獨守空巢，每天望著空白的行程表嘆息。

參與社會服務
了解未來面對的景況

男人通常較女人欠缺社會服務的行動力，甚至認為「那是有錢有閒、好出風頭的人才做的事」。事實上，「服務他人」除了得到善名與美名，更重要的是可以拓展人際關係，學習體貼、放下及溝通，同時得到成就感，所以真正受益的是自己。

吳娟瑜曾見過一位男士，發現某個老人福利社團在推行「時間銀行」的交換服務制度，於是從退休前 3 年開始，每個星期都和太太去陪伴一些老人聊天、看病，結果不但生活變得充實、有趣，到退休時已服務超過 600 小時。這位先生告訴吳娟瑜，他們的孩子都在國外定居，未來如果自己老得走不動，需要有人定期來探望，「時間銀行」的存款就可以「領」出來用啦！

當然，人生走到最後一個階段，與其住在醫院，當然更希望有親人照顧及陪伴，這時候該如何安排最後的照護，也可趁著服務他人而有所參考打算。三軍總醫院精神部兼任主治醫師楊聰財建議，上了年紀的老人若有機會到一些安寧、護理機構當志工，可從服務他人當中，了解老人關心的事務及真正的心聲，同時了解日後可能面對的景況，及該如何與子女相處等方法，對自己的熟齡規畫必定大有幫助。

退休前 1 年
和太太作夥拓展人際

　　從來不參與家庭事務的先生們，不妨在退休前 1、2 年，就開始在太太的鋪路下，嘗試參與人際活動、從事社會服務。例如：參加同學會、社團活動，也試著和鄰居打招呼，如果收到親友送來滿月油飯，也學著隔幾天回贈一些蔬果土產。

　　熟齡退休的父親，只要適當轉換心境，便能克服事業與家庭轉換的過渡期，輕鬆與家人擁有溫馨的家庭生活；而投入社會服務，也有助於對未來的老年生活，提早心理建設，使生活更知足快樂。

Lesson 4
家庭關係的變化

別抓著孩子過生活！

當兩人結婚後，要互相扶持照應的甜美承諾，不知不覺在光陰與現實中磨損，當年過 50 的父母，有些時候仍無形中將生活重心轉移到孩子身上，將孩子遞補為伴侶的角色，不自覺的成了別人口中指控的「控制狂父母」，讓孩子感到龐大壓力，不時想逃。如何避免這一切，不靠孩子刷存在感，有些事你現在可以先明瞭……

案例 1

雅雯的爸爸從主管職退休後，每天待在家，開始指點家務，與媽媽摩擦增多，還要求孩子們在手機裝上 GPS 定位 APP，成天盯著手機看孩子的行蹤，只要孩子上班時間沒有定位在公司，就立刻撥電話來問，搞得常要外出提案的雅雯非常困擾……

案例 2

茜蓉的公婆經營小本生意，家中大小事由婆婆一手包辦，公公樂得清閒，但婆婆習慣臨時賦予老公任務，讓老公疲於奔

命，老公忙不過來時，茜蓉就得跟公司請假，幫忙出任務。想請公公居中勸說，但公公卻幫婆婆講話，希望年輕人多承擔，讓茜蓉和老公非常無奈……

別讓孩子取代另一半的角色

愛心理創辦人吳姵瑩諮商心理師指出，夫妻系統有很重要的兩個功能，其一是共同合作並解決問題，其二是支持與親密感。當夫妻之間無法好好溝通，也不知道如何索求想要的親密感，夫妻關係無法滿足這兩項功能時，便容易轉向孩子索取。

例如：燈泡壞了叫老公修都叫不動，乾脆叫兒子來修比較快；又或者，心情不好或無聊時，因為夫妻感情不好，便找子女陪伴傾訴，以尋求支持與親密感。事實上，不管子女怎麼做，父母都不會完全快樂。倘若子女取代了部分伴侶的功能，成為小老公或小老婆的角色，吳姵瑩直言，這樣的親子關係將成為互相取暖，卻又同時孤單的兩個靈魂，因為他們只能在生活上彼此依賴，卻不能有伴侶間的親密行為。尤其很多父親缺席的家庭裡，母親與子女之間更容易成為這樣互相糾纏的關係。

臺北藝術大學通識教育中心副教授，同時也是諮商心理師的許皓宜說得直接：「沒有好好當過孩子的人，也很難當好一個大人。」不要讓孩子跳進父母的夫妻關係裡，承接他們不應擔負的責任，每個人都有想被照顧的渴求，讓孩子在孩子的位

置上，當夠了孩子，他才能好好長成一個真正的大人。

控制性、有壓力的愛
難以讓孩子輕鬆地跟父母相處

在華人社會裡有養兒防老的觀念，加上戰後嬰兒潮的這個世代，或許因為孩子生養得多，不容易被父母看見，也不容易感覺到自己對父母的珍貴，所以很容易產生怕被孩子遺棄的恐懼。吳姵瑩真誠的說：「其實在你支持孩子、把孩子推出去學習獨立，成為他們的後盾時，孩子會理解這種支持背後的愛，因為你跟孩子的連結是很舒服、很深刻的，不是控制、有壓力的，而你給予的這種愛，自然而然會讓孩子反饋回來給你。」

許皓宜開玩笑說，如果一個太太家裡總是打掃得一塵不染，那麼她婚姻愈可能不幸福，因為她很可能沒有別的事可做，所以只好把重心放在家務和孩子上。事實上，當父母很清楚自己想要成為什麼樣子的人，很清楚自己想要過的生活時，自我會成為一個圓，而不再需要倚靠孩子來補足缺口，更會產生「孩子，你也要像我一樣做自己想做的那種人唷！」的力量。

自我匱乏的人，容易陷入企圖控制倚賴子女的泥沼之中。吳姵瑩直言：「很多人因為不知道自己想要當什麼樣的『我』，所以也不允許孩子有『我』。我因為生了你，我當了爸爸或媽媽，可是我一直沒有『我』，所以只好一直扮演父母的角色，

一輩子只會當爸爸或媽媽了！」

父母與孩子
是互相背對的兩個人生

電視劇《你的孩子不是你的孩子》之所以引起熱議，或許正代表了臺灣社會有許多試圖控制子女的父母，當然，或許也代表著有更多感到被控制的子女。無論如何，自省與開始改變總是好的。

許皓宜說：「每個人真正承擔得起的，只有自己的人生。」父母的適度放手，不僅可幫助孩子成為獨立的個體，一旦失去父母的庇護時，自己才有力量克服人生中的不如意。她遇過一個案例，是一名已經高齡 80 歲的母親，帶著 40 幾歲的強迫症兒子前來治療。

單身兒子的強迫症因為害怕母親過世而日益嚴重，一年只穿一件衣服，生活起居都受到嚴重影響。經過長期治療後終見起色，沒想到在治療的最後一天，當母親走出諮商室，轉身向許皓宜道謝時，竟然向許皓宜要求，是否可代為保管她的身後遺產，以後協助兒子處理這筆財產。

這讓許皓宜感慨的說：「我忍不住感嘆之前諮商那麼久，還是難以改變老媽媽想來找人托嬰的焦慮感！」這對長年一起生活的母與子，彼此依賴，彼此控制，最後可能造成兩人身心

都不健康，失去人生的無限可能。

龍應台在《目送》裡寫下一句十分經典的話：「所謂父女母子一場，只不過意味著，你和他的緣分就是今生今世不斷地在目送他的背影漸行漸遠。」看來或許有點悲傷，但若沒有這樣的體認，死命的抓住孩子的手，孩子的人生要怎麼往前走？當孩子放心不下，卻又無法滿足父母的期待，自責的罪惡感可能更讓他痛苦。俗話說「兒孫自有兒孫福」，或許就是為人父母面對兒女展翅最好的態度。

如何提早安排
快樂的熟齡生活？

臺北藝術大學通識教育中心副教授，同時也是諮商心理師的許皓宜建議40～60歲的準退休族，傳承是此階段的重要課題，要找到自己傳承的出口，讓自己獲得價值感，可能是找相關領域，進行工作上經驗的傳承，也可能是選擇全新的領域來發揮，譬如選擇當說故事志工。另外，要預備開啟自己的第二生涯，找到自己想做的事，點燃熱情的興趣。

就算自覺沒有太多興趣，也不要輕易放棄，人有無限可能。許皓宜分享一個長輩的案例，在伴侶過世後覺得太過空虛，便開始用書法抄寫心經，後來甚至用抄寫心經籌募自己旅行的費用。

　　60 歲以上已進入退休期，要注意保持與社會的連結，可多利用老人社團、老人課程、社區共餐等機會，多與別的老人互動，刺激愈多、接觸愈多，就愈容易找到讓自己開心的事。愛心理創辦人、諮商心理師吳姵瑩提醒，在找到自我的過程中，或許需要一些勉強，把自己往外推一些，畢竟唯有向外尋找，才有成長的可能。

為什麼老公退休後，總是愛找碴？

這是不少女性私下與姊妹淘常聊的話題，男人在青壯年時，大多以事業為重，當退休回歸家庭後，生活有很大的落差及改變。假如退休男人面對人生下半場沒有找到生活重心，往往會變得過於關注另一半，讓另一半深感壓力……

職場環境不友善，造成許多男性儘管滿腔壯志，但因年紀漸大，只能黯然從職場上退場。諮商心理師、杏語心靈診所治療師林靜君認為，臺灣社會對於退休的心理準備不夠完整成熟，很多人沒有為退休做好準備，是以「船到橋頭自然直」的態度面對，一旦生活環境被迫「突然」改變，就容易感到壓力。

尤其是男性，社會上時常拿男性在職場的表現，當作重要的社會成就，男性一旦退休，面臨

失去社會角色的光環，容易產生某種程度的失落感，該怎麼重新尋找人生新的目標，需要一段適應的歷程。

不安、焦慮、情緒低落
退休後易出現適應障礙

「老公退休症候群」一詞是 1991 年由日本心理醫師黑川信夫所提出。他表示，退休後的壓力問題普遍存在先進國家。以日本為例，日本老一輩的男性總帶有大男人主義，造成有退休老公的日本婦女，六成以上患有不同程度的「老公退休症候群」，苦於老公退休後的過度關注及壓力。

長庚紀念醫院精神科副教授陳景彥醫師表示，臺灣的情況也許沒有那麼普遍，但依門診經驗來說，不少人因為退休後的種種因素而產生困擾，甚至衍生疾病。而男人退休後影響的心理層面非常廣泛，最常見的是適應障礙，伴隨著不安、焦慮及恐慌，甚至是長期情緒低落。當事人退休前，在職場上也許是叱吒風雲的一方，退休後可能連自己都沒辦法說服自己去面對改變，家人也不一定可以馬上接受。

退休是另一階段的開端
拋開過去才能找尋未來

人的本性容易在情境的變化中去做比較，當另一半退休後，有些人會用較揶揄的態度，認為不被需要才退休，或和其他風

光的親友做比較。在人際互動中，這是一種很傷害彼此關係的方式，會造成當事人尊嚴極大的傷害。

退休後面臨環境的再適應，當熟悉的過去已不復返時，要對未來有所期待，當下必須充分調適。在這歷程中，拘泥過去、無法改變的人，就會在適應上產生困難。該如何重新適應新的環境，並找到新的人生意義，對退休的人來說才是當務之急。

家庭磨合難題如何解

夫妻相繼退休後，本該遊山玩水、共享清福，為何兩人話不投機半句多，見面就酸言酸語呢？又或者退休後幫忙顧孫，卻被子女抗議溺愛孫子，引發教養難題……面對退休後衍生的各種摩擦，夫妻間或親子間該如何溝通協調？

家人因退休造成生活型態改變而產生溝通問題，該怎麼辦？以下 3 個常見案例，請專家幫您解惑！

案例 1

大男人主義
從職場移轉到家庭

三年前，月華的老公下班回來突然宣布工作忙了大半輩子，準備退休了，但退休後待在家裡，卻常對月華做的家事百般挑剔，也幾乎完全斷絕社交生活，沒有朋友，甚至常數週足不出

戶，只是看報或看電視，不然就對她頤指氣使，還禁止她外出和朋友碰面。一旦獲准外出，她還得事先為老公準備好三餐才能出門。最近，月華眼睛四週長滿疹子，還得了胃潰瘍、喉嚨也長了息肉，卻不知起因為何，後來醫師發現她壓力太大，轉診去精神科，被診斷為「老公退休症候群」。

專家解析》

當出現生理症狀時，遵從醫囑是最基本的。而在心理方面，諮商心理師、杏語心靈診所治療師林靜君表示，溝通時情緒分成向內與向外，月華如果長期情緒無法向外發洩，只能忍氣吞聲（向內），久而久之便會造成生理上的疾病。

當事人必須學會照顧自己，最重要的一件事就是試著把真正的想法說出來，同時兼顧照顧自己的責任。可以透過有效途徑來釋放壓力，例如：找姊妹淘訴苦、轉移個人嗜好。另外，時常處於高壓的生活時，可試著保留一塊屬於自己完整的時間，例如：給自己專屬的一個小時，這個小時內只做自己喜好的事情，這也是一種照顧自己的方式。

長庚紀念醫院精神科副教授陳景彥醫師也同意照顧自己的觀點，當月華身體恢復後，才有能力幫助老公。當月華尋求治療時，先生或許會看在眼裡，反省自己是不是也該做些改變或是尋求協助，這是一種間接的方式，並以太太為主角，畢竟太

太是重要的支持者。適當的回饋、角色互換，是種默契的磨合，但重點是不要馬上點破這一層關係。

當老公又嫌棄月華家事做得不夠好時，月華不用急著回應，避免兩人在氣頭上交鋒，等氣稍緩和下來時，可以告訴老公自己年紀也大了，體力不濟，詢問老公，有無改善的辦法？老公建議後，月華假如覺得可行，可用認同的口吻說：「我以前都沒想到這個方法！我可以試試。」不僅能增加老公的成就感，也有助於解決問題。

和先生溝通時，要先理解老公當下的狀態，思考他經歷過什麼，如此一來比較不容易受情緒波動，能做比較有效的溝通，進而協助渡過適應期。再來就是建立老公向外的連結點，建立起新的生活圈，例如：一起散步、參加活動。只要兩個人肯共同互助，就能一步一步慢慢建立默契。

案例 2

退休阿公寵孫兒
兩代間如何溝通

銘祥退休後，會幫忙洗衣服及帶孫子小傑，但銘祥帶孫子的方式就是順著孫子，給他糖吃，和他一起看卡通。常在眾人面前問小傑：「你最愛誰？」小傑總答：「最愛阿公。」導致孫子只黏爺爺，不聽父母的話，讓父母十分困擾。

　　然而，銘祥並不覺得自己帶孫子的方式需要調整，反而認為家人常找他麻煩及愛吃醋，抗拒與家人溝通。家人推測銘祥是藉由孫子的喜愛讓他有成就感，及能樹立家中領導者的威嚴。

專家解析 》

　　林靜君心理師表示，在隔代教養方面，常因觀點不同而產生問題。如果在外面沒有建立新的生活圈，和孫子玩耍變成退休父母的生活重心，雖然不是件壞事，但在教養的分工上，父母要設立界線，明確讓爺爺知道他能做到什麼程度。

　　夫妻雙方必須事先設立標準與共識，內容越明白越好，很多時候教養衝突是因為孩子的父母與孩子的祖父母雙方態度、期待不一致，需求不一樣，而小孩會找尋最有利的方向。

　　建議父母將教養榮耀歸給爺爺，換個方式請爺爺協助，就能化阻力為助力。例如：爺爺常隨興變動小傑作息，但父母希望小傑養成睡午覺習慣，這時可跟爺爺說：「他那麼聽您的話，您一定有辦法讓他好好睡午覺。」其實，父母是表達要求的一方，但刻意塑造一種特別感，讓爺爺產生一種獨一無二、只有他有能力做到的榮耀感，這樣能夠連結家庭的感情，進而控制對孫兒溺愛的總量。

　　假如爺爺不願意，這時可幫爺爺找過去經驗，例如：「上一次您哼歌給小傑聽，他很快就睡著了。」藉此強化成功經驗，

說服爺爺幫忙。

陳景彥醫師提醒父母不能只將心思放在工作上，回家後必須多費點心力在小孩的互動與相處上。假日可安排家族活動，藉由家族群體的力量，分散小孩單獨與爺爺相處的時間。

當孩子漸大，想與其他小孩一起玩耍時，也可在家庭日邀請同年齡的小孩一同聚會，如此可讓小傑多與同齡的孩子互動，也能讓爺爺看到別的家庭大人如何與小孩相處。

案例 3

先生提早退休
太太事業卻如日中天

雅慧和漢邦原本在不同的公司擔任高階主管，但景氣不好，漢邦被公司裁員，夫妻倆討論後覺得收入夠用，於是達成協議，漢邦趁這時期多陪孩子。漢邦看著雅慧在工作崗位上發光發熱，偶爾會在雅慧加班回家後，酸言酸語的說：「今天我陪小孩完成作業好累，妳怎麼又加班，有這麼忙嗎？」這些話聽在雅慧耳裡很不舒服，甚至想回到家就把耳朵關上，覺得和漢邦話不投機半句多，有時兩人意見不合就冷戰，小孩都看在眼裡。

專家解析》

林靜君心理師認為，這案例與前幾年很受歡迎的電影《高

年級實習生》的女主角背景有些雷同，為了幫助女主角衝刺事業，先生選擇退出職場，在家照顧小孩，然而，先生選擇放棄工作，也會間接影響到自我的情緒狀態。這時雅慧與漢邦都必須清楚知道自己的觀點，是期待事業有成？還是希望有很好的親子及家庭關係？要回溯當初協議時的初衷，讓彼此對現況有更客觀的視野產生，才比較不會隨著情境改變而影響情緒。

先生自己要規劃，到底是就此退休，還是等小孩長大後繼續工作？必須把每個階段規劃好，無論是現在還是將來，必須清楚知道自己現階段該做什麼。假如雙方都正視彼此的問題，可藉由專業人士協助，讓溝通更順利。另外，父母親的問題可能衍生家庭衝突，影響小孩情緒，也可在專家引導下透過家庭會談，促進家庭和諧。

「改變別人困難，改變自己較容易。」陳景彥醫師認為，面對男人自尊心的問題，為了維護家庭，有時必須容忍，可先嘗試安撫和鼓勵，像是可以對先生說：「因為有你在家裡打點一切，我才能夠放心在工作上衝刺，假如你現在還在公司，我相信你一定做得比我好，謝謝你為這個家的付出，也許過一段時間，我們能夠互換。」用類似的話語來降低另一半心理的疙瘩，在溝通上會有不錯的成效。

Lesson 5
婚姻關係的經營

如何讓婚姻關係加溫？

「妳今天為何這麼晚回來？……你要小心新認識的朋友！」、「衣服為什麼要這樣晾？為什麼不用夾子夾起來？」當退休之後回歸家庭，與另一半相處的時間突然變很多，密集的相處很容易連芝麻綠豆大的事，都成為負面情緒的引爆點。假如親密伴侶退休後難相處，該如何改善？除了分居、離婚，還有什麼方法可以改善夫妻關係呢？

近年，觀念一向傳統的日本吹起「卒婚」風潮，國內也不約而同爆出高齡離婚潮；未來，人類平均壽命會越來越長，「怎麼跟家人相處」成為一門功課，修不好的話，子女還可以離家，但配偶不是選擇分房、分居，就是離婚。在臺灣朝著超高齡社會（意指65歲以上老年人口占總人口比率達20％）邁進的路上，如何和老伴和平共處，真的需要花心思經營！

當一對夫妻離異時，親友可能透露「是某人難搞！他太難相處了！」可是，很少人會承認自己是「問題製造者」，有些

心理學書籍整理出各種人格違常的類型，希望有助於理解這些人的行為，並進一步了解如何與他們共處。

不過，就算家裡的成員都同意退休後的爸爸或媽媽很難搞，是「大型垃圾」，且明顯有一些難相處的行為，但<u>專家提醒「不要輕易幫人貼標籤」，因為當我們輕易對他人貼了表象的標籤，卻不去看對方的內心，也就無法了解一個人真正的心意。</u>

僅批評外在表現無濟於事
改善「互動模式」才有效

就算某個家人已成為公認的「麻煩製造者」，但指出這一點只會製造無盡的衝突，變成「家家有本難念的經」的難解習題，所以要學著去看「內在動機」，才可能真正改善相處模式。換言之，有問題的可能不只是個人，而是家人之間的互動模式。以下透過案例來說明：

68 歲的李先生退休之後，多數時間都待在家裡做自己的事，很少出門。這三年來李太太整天與他在家「大眼瞪小眼」，常為了一些不起眼的瑣事吵架，吵到李太太想離婚，最後在朋友半推半就下，找上了諮商心理師試著「死馬當活馬醫」。

李太太說：「上週大女兒從國外回來，家族裡的人一共 10 多位一起聚會，我安排先去泰式餐廳吃飯，再一起上山泡茶、聊天。我請老公開車幫忙接孫子，再回家接我跟小女兒一起去餐廳。

六大類難相處的人格類型

　　以下六大類難相處的類型，改編自《如果父母老後難相處》一書，讀者可以先設定某個人或以自己做為檢測的主角，勾選看看哪個類型符合的較多，代表該類型的傾向比較重。

分類	表徵舉例
依賴型	☐ 無法忍受獨處，希望兒女（或伴侶）能時刻相伴、隨傳隨到。 ☐ 無法為自己的決定負責，凡事都仰賴子女（或伴侶）幫忙定奪。
恐懼型	☐ 杞人憂天，容易恐慌、擔心，常覺得身體不適。 ☐ 有許多莫名的恐懼，害怕人群、細菌等。
控制型	☐ 利用內疚感等情緒勒索的手法操縱子女（或伴侶）。 ☐ 生活方式不容挑戰，無論是一般瑣事或重要的價值觀。只要子女或伴侶和自己想的不一樣，就會異常生氣或沮喪。
潑冷水型	☐ 對別人極度挑剔，自己卻承受不了別人的責難。 ☐ 言語負面，滿腔怨言，覺得全天下的人都對不起他。
自戀型	☐ 只從自己的角度看事情，無法理解對別人造成的影響。 ☐ 一下自認高人一等，一下又覺得矮人一截。
自毀型	☐ 曾有酒精或藥物成癮、飲食失調等問題。 ☐ 曾有某些強迫行為，像是賭博、自我傷害等。

參考資料／《如果父母老後難相處》一書

沒想到晚上回家後，老公竟為此大發脾氣，跟我說：『為什麼餐廳、行程什麼事都要聽妳的！』然後三天不跟我講話 ......」

在李家，不論大小事，李太太永遠盡力安排好所有細節，但李先生不是挑剔她做得不好，就是莫名地發脾氣，讓她感覺「不值得」、「不被肯定」。尤其這幾年越演越烈，她感覺兩人之間氣氛很冷漠、疏離，她已經身心俱疲，非常渴望逃離即將屆滿 40 年的婚姻。

黃偉俐身心科診所臨床心理師黃惠萱說，李太太在外人眼中，是個「控制慾強」的人，什麼事都做好安排，有時甚至前一天、前一刻才把安排好的事情通知家人，讓他人沒有選擇的餘地，只好配合。原來，她在原生家庭中，是長期被忽略的長女，一向要負擔很多責任、工作，才能得到父母的肯定，所以結婚後也把這種習慣帶到婚姻裡。

而李先生在他人眼中，是個「潑冷水」的高手，不論太太、兒女做什麼，他從來沒有稱讚、感謝，從來只有挑剔跟批評。原來，他在原生家庭是么兒，通常得聽從父母兄長的命令與安排，所以在婚姻裡不想再被命令。

黃惠萱心理師分析，雖然李太太的本意並非「控制」先生，但她的付出會被先生解讀為「命令、控制」，所以先生會反抗，這個反抗聽在她的耳裡，就是「否定、拒絕」；她做得越多、

越盡心，先生就越反感、越批評，她也越傷心。儘管兩人彼此相愛，卻被過去的經驗所阻礙。這個模式可以清楚解釋「外顯表現」跟「內在動機」有時是截然不同的。

後來，李太太聽完心理師的解釋，明瞭兩人的差別之後，接受心理師的建議，改變了相處的方式。現在當先生批評時，她會對先生說：「我希望你不要這樣講，我感覺不舒服，我希望你這樣說……。」

此外，在做選擇時，李太太也會給家人、先生多一點選擇的空間，不再因為內心懼怕不被肯定，就一股腦兒地安排好所有事情。後來她發現，只改變了這兩點，夫妻關係就改善很多！

在這個案例裡，雖然兩人的初衷都沒有惡意，但在原生家庭已生成的模式，造成長達 40 年的摩擦。可見，改善溝通需要先正確理解對方，才可能找到有效的方法，如果只是一味站在自己的角度看事情，衝突點依然無法被解決。

與其改變對方個性
不如找彼此適應的生活模式

想要改善幾十年來慣用的互動模式，並不是件容易的事，以上案例是經過心理師深度分析，李太太理解之後，下定決心先改變自己的行為方式，因而挽救了婚姻。但現實生活中，高齡分居、離婚潮盛行，有其背景因素；黃惠萱心理師與心理學

作家海苔熊（本名程威銓）都點出「臺灣 50 歲以上的族群，不相信心理治療這一套」的狀況。

黃惠萱心理師說，臺灣會向心理專業者諮詢的年齡層，約是 20 ～ 40 多歲，而 50 歲以上者，多從宗教或親友支持團體中取得慰藉、抒發；儘管這些宗教和支持團體也有它的幫助，但有些時候真正的問題並沒有去面對和解決。所以現況是年長者承繼著舊時代的包袱、壓力，情緒模式未獲改善，依然在舊模式下累積著負面的情緒。

譬如傳統社會有童養媳的習俗，即便社會已變遷，童養媳後來當阿嬤了，即使心中有許多怨恨、不甘心，多數人也會用一個「社會背景」的標籤來告訴自己「認命」、「就是這樣了」，然後繼續怨嘆。如果年長者不是像李太太一樣積極地找心理師晤談，多數人都是繼續習慣認命地承受著，而當負面情緒累積到一定程度，就可能罹患心理疾病，或用離婚等方式來爆發。

失落戀花園知識總監、心理學作家海苔熊指出，婚姻專家 John Gottman 曾在一個歷時多年的研究中觀察夫妻的互動狀態，結果發現，關係中有高達 69％的衝突是無法解決的（unsolvable），其中更有 16％會形成某種「僵局」（gridlock）。事實上，後續的研究也指出，John Gottman 對於婚姻瓦解的預測準確度相當高，大於 90％。

男性退休焦慮比女性嚴重
太太可這樣緩解丈夫負面情緒

海苔熊說，從大腦的發展來看，人的個性受早期經驗（25歲以前）的影響很大，如果在彼此成年之後還強硬地想改變對方，效果非常微小；實際上，夫妻能夠長久相處的技巧，是找到彼此能適應的模式來過生活，而不是試著改變對方的個性。

不過，這也並不代表改變是完全不可能的，如果有人願意走出來做心理諮商，根據高雄醫學院的研究，約 8 成的心理諮商是有效的。所以若年長者已覺得婚姻快要走到盡頭，或許可學習李太太的作法，給關係一個柳暗花明的機會。

退休後的生活焦慮，通常男性會比女性嚴重，黃惠萱心理師提醒讀者，尤其對男性來說「找到位置、找到功能性」是重要的價值，剛退休時若有焦慮、抱怨等負面情緒是正常的，太太可以請先生做些有功能性的事，像是開車、買東西之類的事。

另外在衝突時，提醒讀者不要堅持「對方要在口頭上服軟（意指低頭、認錯）」，她說：「擅長溝通的人不一定要對方認錯低頭。重要的是給對方一點空間、時間，看他的『行為』有沒有改變，來觀察溝通到底有沒有效。」畢竟，你真正期待的改變，是他做出和以往不一樣的「行為」，而不是只憑言語來判斷。

老後婚姻失和，只能卒婚嗎？

　　根據內政部統計處的資料，結婚 25 ～ 29 年夫妻的離婚率，自 1994 ～ 2004 年間成長了 4 倍，就連結婚 30 年以上的夫妻，離婚率也增加了 3.8 倍。當退休後，家中出現空巢期，夫妻獨處時間變多、衝突也容易增加，究竟老夫老妻共同生活了大半輩子，不想再忍下去時，該怎麼溝通才對？除了離婚以外，還有別的選擇嗎？

　　人真的會在老後「隨心所欲」，不再像年輕時謹守禮儀常規，變得散漫而隨性嗎？這答案因人而異，但不可否認，不論是從年輕時就常要別人配合自己，或到老了想掙脫束縛而「走樣」，都會造成家人，尤其是另一半的尷尬和困擾。

　　玉秀 76 歲的老公從年輕時就愛跟女性搭訕，不論是上街購物或是搭機出遊，只要半徑五公尺內有女性，不論老少美醜，老公一定會上前聊天問安，和對方混熟，並邀約一起唱歌出遊聚餐，讓玉秀丟臉到恨不得有個洞鑽進去。久而久之，玉秀告

訴自己，沒事不跟先生同行惹氣，不得不全家同行出遊，就睜一眼閉一眼裝傻，和先生的行為切割，不然就低聲提醒「請替兒女保留點顏面」。

國際演說家暨兩性婚姻專家吳娟瑜說，多年來往返國內外進行多場演講和輔導，幾乎不曾看到一對夫妻同時認為自己的婚姻是「幸福」的，即便是兒女眼中認為的「幸福家庭」，爸爸也會私下透露：「其實常和太太關起門來爭吵。」可見共同生活有摩擦是必然的，只要到老還願意繼續相處，不妨多想想怎麼開心過生活，不要把力氣和精神聚焦在爭吵互鬥上。

「室婚」解構婚姻
夫妻像室友般相處更融洽

吳娟瑜年輕時常勸先生早睡早起身體好，偏偏先生是夜貓子，專愛在半夜寫文章，把她的好意當耳邊風。後來兩人分房睡，有點距離來看對方，吳娟瑜發現先生晚上睡得少，但早

餐、午餐過後都會補眠，整體睡眠時間加在一起也不算少，也就不再囉嗦雜念了。

此外，先生從原生家庭帶來的表達習慣總是毒舌又具殺傷力，年輕時吳娟瑜曾傷心落淚，也曾和另一半激烈大吵，如今，面對先生習慣性的嘲諷：「又出書呀？妳不要再害死出版社了。」吳娟瑜已能一笑置之，甚至反唇：「我就是愛毒害世人，怎樣？」對方只能無言以對。

不諱言婚姻有過低潮和危機的吳娟瑜，走過婚姻風暴的考驗，年過40且成名後才決定出國讀書，立志成為國際演說家。近作《酷老樂活》書中提及，另一半不久前感性說出「下輩子還要娶妳」的話，她則戲言回說：「你不想換人做做看嗎？」

吳娟瑜坦言，如今夫妻的關係像是比室友更密切的親人，她稱其為「室婚」。這種婚姻關係不像日本女作家杉山由美子提議的「卒婚」那麼完美，因為卒婚是夫妻居住在不同城市或不同公寓中，各自生活、交友，相聚在一起時仍是開心快樂的。

而「室婚」則仍住在一起，但是分房各自生活，家事分工合作，支出也公平分攤，但互不干涉，平日孩子回家，有父母可以喊，等孩子結婚後，再思考是否分開或一方搬到子女家去照顧孫兒。「通常到了這時候，兩人已習慣這種各自為政的相處模式，離不離婚已經無所謂了。」

婚姻相處模式評比

	離婚	分居	卒婚	同居 但常爭吵	室婚
相處 氣氛	不相往來或仍有聯繫	不相往來或一方隱居	各過各的，但關係和諧	氣氛差，時起摩擦	像室友般各自生活，各自為政
婚姻 關係	不存在	存在	存在	存在	存在
居住 型態	不住一起	不住一起	不完全住一起	住在一起	住在一起，但分居兩室

破鏡是否重圓？
要尊重當事人意願

　　對老年生活而言，啟宗心理諮商所所長、諮商心理師公會全國聯合會監事林世莉認為，要不要「卒婚」或「室婚」要看夫妻兩人有無共識，如果兩人都接受，覺得沒到離婚的地步或覺得離婚很丟臉，合不來可以彼此距離遠一點；但若是其中一方認為，老後子女獨立，老夫老妻就要互相扶持更加靠近才對，單方卻堅持卒婚或室婚，可能會形成另外的壓力或不被另一半及子女諒解。

　　林世莉不否認，目前很多老人習慣各睡一房，畢竟，漫長的婚姻中有時難免夫妻相看兩厭又不能離婚，只能暫時「卒婚」或「室婚」而居，但到了人生最後階段還是需要老伴。很多案例也顯示，很多這樣的夫妻到老後，雖然感情沒有回溫，但畢竟對方曾是生命中重要的人，所以還是願意互相照顧。

　　林世莉手邊有個案例是子女諮商提問：「年輕時離家的爸爸老後回家了，媽媽雖願意接納，卻不想再結一次婚，這種情況下，子女需要敲邊鼓加溫嗎？」對此，林世莉認為，「破鏡重圓」一定要尊重當事人的意願，子女也要尊重父母的想法，不要一廂情願亂撮合。

如果不能認知「夫妻大不同」
相處就容易產生摩擦

　　還有一種比較不理想的狀態是，當摩擦一輩子的夫妻進入空巢期後，有一方不想再忍，另一方卻變得更難搞或愛找碴、甚至喜歡大吼大叫難溝通；或有些生活壞習慣，例如：不愛洗澡、不換衣服，導致身上有臭酸味；或愛喝酒且酒後會發酒瘋、愛抽菸不愛惜身體，常對規勸充耳不聞；或一個愛亂買、一個節省過頭……任何小事都可以吵翻天。

　　林世莉表示，男人和女人的生命歷程完全不同，又來自不同的家庭背景，婚後即便相伴一生，卻不意味著夫妻就能彼此

接納包容，所以老後雖然明知應相親相愛，但有時就是會互相看不順眼。

尤其是老年夫妻最不喜歡被對方碎念，偏偏有一方自認「我是為你好」，而喜歡指導和批評對方。林世莉說，隨著年紀增加，人的思維愈加固著，也愈不能忍受別人和自己不同，然而，「你的『本來』和我的『本來』，本來就不同。」如果不能認知「夫妻大不同」，就會形成惡性循環，互相折磨，甚至向子女情緒勒索，要兒女選邊站。

林世莉說，每個人都應該對自己的生命負責，另一半有權利擁有自己的生活空間和交友圈，不一定要和老伴整天廝守在一起；同樣的，兒女也有自己的人生，沒有必要摻和在父母的關係中。

老伴愈老愈愛碎念
怎麼溝通不傷人

很多人討厭對方碎念，假如老伴常嫌自己碎念，可能是自己心理不安或年輕時養成一些不討喜的表達習慣，這時為了晚年生活品質著想，一定要自我反省，而不是光要對方聽從。「認知影響情緒，情緒影響行為，行為又建構認知。」林世莉說，對某些事感到恐懼害怕就容易衍生碎念行為，一旦對方不理會或嫌煩，又會讓自己更加不安而碎念，形成惡性循環。

　　萬一老伴特愛碎念，卻不承認也不改善，林世莉建議以下2招：

1. 被碎念者在理智斷線前要離開現場

　　被碎念的一方可到另一個房間或到陽台、廚房去做別的事（在一方碎念不停，另一方煩躁不已的情況下，任何規勸只會引來更多爭吵，對情況完全無法改善）。

2. 等雙方氣消後，和對方討論最多講幾分鐘就不能再念

　　等雙方火氣全消後，被念的一方不妨冷靜、幽默地和對方討論：「請問同件事、同句話要講幾分鐘才算是碎念？3分鐘？5分鐘？10分鐘？說好喔，以後最多講10分鐘就不能再念了。」等下次對方又開始碎念，就笑著說：「現在開始計時，給你講10分鐘。」用一種幽默又有事實佐證的方式，幫助對方理解自己的行為已經造成老伴困擾，漸漸地就能幫助對方減少以碎念的方式溝通。

　　林世莉奉勸即將周休七日的準退休族，要認知「退休後和另一半的生活安排，追求的成就感和重心都不同」，千萬不要回家一時找不到自己的「位置」，就開始黏或管另一半，否則一定會激得對方反抗大吵。此外，先生不要一廂情願要開車帶太太去旅行，因為太太不一定喜歡大自然，也不一定喜歡開車

旅行，勉強同行很可能沿路爭吵。

先生退休後愛在客廳看 A 片
即使是難題，還是有方法解決

有一案例是老先生退休後愛和朋友開黃腔，也愛在家中客廳看 A 片，讓媳婦、孫子都尷尬。媳婦要兒子去和婆婆溝通，婆婆說自己早就說過了，可是先生回說：「一輩子只有這個嗜好，也沒做什麼踰矩的事，就不能保留這一點嗜好嗎？」兒子要爸爸進房間看，爸爸抱怨：「房間的電視螢幕太小，看不清楚。」後來兒子斥資買了一台大螢幕電視放在爸爸房間，這件事才順利解決。

吳娟瑜和林世莉都說，上述的案例顯示，<u>很多家人中的摩擦只要不加入太多情緒，在技術上總是找得到方法解決</u>。最怕的是中間摻進價值判斷、個人好惡及人格評價，就容易小事變大事，形成彼此解
不開的心結。

Lesson 6
培養運動的習慣與樂趣

運動讓你心情好！

　　「壓力好大！」是現代人常脫口而出的話。長時間與壓力周旋，會使人記憶力下降、影響競爭力。研究發現，想要紓壓、讓大腦處於最佳狀態，祕密武器正是「找機會運動一下」！

　　根據 2016 年歐洲心血管預防和康復協會大會（EuroPRevent）中法國聖埃蒂安大學附屬醫院發表的研究指出，研究者以兩個群組為調查對象，分別為法國群組（1,011 位 65 歲成人）與國際性群組（122,417 位 60 歲成人），以每分鐘運動時所消耗的熱量（每週代謝當量），將受試者分為「不運動」、「低度」（1～499）、「中度」（500～999）和「高度」（≧1000）四組，平均追蹤 10 年，探討運動狀況與死亡風險的相關性。

　　結果顯示，相較於不運動的老人，中度和高度運動量所降低的死亡風險率為 28％ 和 35％，從事愈多體能活動的老年人身體愈健康。且研究結果亦發現，從事最低度運動量的老人（相當於每天快走 15 分鐘）雖僅從事一半的建議運動量，但卻可降低 22％ 的死亡風險。

大量運動的男性
憂鬱症或焦慮症的機率低 1/4

國外研究報告顯示，經常大量運動的男性，接下來 5 年內，罹患憂鬱症或焦慮症的機率，比同年齡、沒有運動習慣的男性低 1/4。

陽明大學運動醫學健康科學研究中心運動醫學委員會主任陳俊忠表示，很多研究結果都顯示，運動能有效減少憂鬱的情形。當我們心情不好時，如果能從事喜歡的運動，感覺跟表情都會被運動的快感占領。除此之外，暫時逃離相同的環境，也可發揮轉念的效果，讓自己跳脫負面情緒。

從生理方面而言，運動能消耗壓力荷爾蒙（可體松），同時分泌腦內啡，讓心情感覺愉悅。臺北市立體育學院休閒運動管理學系副教授鄭溫暖進一步指出，在她接觸的個案裡，確實有因運動而讓憂鬱症獲得控制的例子。因為運動可產生控制感跟成就感，這些正好跟壓力所帶來的感覺相反。如果只是暫時心情不好，藉由運動可以馬上獲得抒解，但如果是長久以來的憂鬱，通常必須持續運動 2 ～ 3 個月以上，才能得到比較好的效果。

心情不好找不到人訴苦
運動有助轉移負面情緒

曾有新聞報導指出，三成七的民眾知道運動可以紓壓，但

91

真正利用運動來抒解壓力的人卻很少。根據統計，上班族面臨工作壓力或瓶頸時，47％的人會找親朋好友聊天、抒發情緒，17％的人會選擇逛街，13％的人則是以大吃大喝來發洩情緒，只有10％的人會利用運動來紓壓。陳俊忠表示，雖然大家都知道運動的好處，但處於負面情緒時，通常會消極的窩在家裡，尤其是平時沒有運動習慣的人，想叫他出來運動更難。

一份針對臺北市政府員工所進行的壓力荷爾蒙檢測也發現，一、二級主管體內可體松分泌普遍偏多，腰圍也較大。可見長期處在壓力下，情緒無法得到適時抒解，可能會藉由大吃大喝來發洩。尤其是壓力荷爾蒙常會讓人不知不覺中吃下太多高熱量的食物，而且下次壓力來臨時，必須吃更多才能得到滿足。

鄭溫暖強調，找人聊天也可達到紓壓的效果，但不見得能馬上找到適合的人傾訴。當心情不好，又找不到人訴苦時，往往會讓情緒更低落，而運動是自己可掌控、輕易能取得的資源，不但容易進行，又沒有副作用。

假如想利用運動紓壓，第一步必須先產生動力。如果無法自動自發去運動，可以從以下幾個方面著手：

1. 接近喜歡運動的人：如果有伴，可以互相激勵，建議請喜歡運動的朋友找你一起去。

2. 貼紙條提醒自己動：在自己常待的地方，如辦公桌旁貼上小

紙條，隨時隨地提醒自己運動的好處。

3. 從有成就感的運動做起：一開始不要選擇太難、自己無法掌
控的運動。可以幫自己做張小紙卡，只要出去運動就打個勾，
如果一個月有 20 個勾就買個小禮物或吃頓美食慰勞自己。

用 Exercise break 取代 tea break
偷時間動一動

最好養成每天運動的習慣，才能避免壓力持續累積。如果
真的很難每天抽出時間運動，陳俊忠提醒，可把運動的時間
「化整為零」，利用不同的時段，不同的方式動一動。尤其是
工作的時候，長時間維持同一個姿勢，也會造成肌肉緊繃、肩
頸酸痛等不適感，會讓心情跟著變差。「以前我們常說『tea
break』，現在應該改成『exercise break』，工作一段時間，就
暫時放下手邊的事情，活動一下。」

很多公司、機關早上 10 點半跟下午 3 點半都會放音樂讓員
工做體操，最好儘量跟著一起做。當工作告一個段落時，可站
起來做幾個伸展運動，或在辦公室走一走，也可藉此轉移焦點，
轉換一下心情。

下班回家以後，利用倒垃圾時出去走一走、動一動，除了
倒「身體的垃圾」，順便可找家人、鄰居聊聊天，倒一下「心
靈的垃圾」。

從事有成就感、掌控感的運動
更有助紓壓

以往臺灣提倡「333」，也就是每週運動 3 次，每次 30 分鐘，每分鐘心跳 130 下。如果想要利用運動來紓壓，是否要達到 333 的標準？什麼樣的運動才適合紓壓？對此，鄭溫暖認為，「333」只是大方向，還是要視自己的體能狀況跟方便性來調整。

運動紓壓最重要的是掌握「成就感、掌控感」這二大原則，所以，方式應該因人而異。選擇自己有興趣、難度低、不會超出能力範圍的運動，才能避免反效果。例如：平時沒有做瑜伽的習慣，情緒低落時才去學習，可能會因一時達不到要求而挫折感更重，反而造成壓力，形成惡性循環。

陳俊忠提醒，不要在疲勞、壓力大時做一些自以為可以挑戰極限、突破自我的運動，如高空彈跳、攀岩等，反而容易因不嫻熟自在而更沮喪。最好選擇自己熟悉，同時又能自我控制速度跟強度的運動，如跑步、快走、游泳、騎單車等。需要別人一起參與、甚至競賽的運動，有時候速度由別人掌控，紓壓的效果會打折扣。

如果沒有特別喜歡的運動，可以每天走一萬步為目標，其中一千步要比較激烈。通常順暢的走路是每分鐘走 120 ～ 140 步，快走的話，建議達到每分鐘 140 ～ 160 步。可以自己計算

時間，把一萬步分散在一天的各個時段裡。運動要達到一定的強度，抒解壓力的效果才會明顯。如果沒有測量的工具，可以用「有點喘，但還可以聊天」為基準。如果運動時，還可以吹口哨、唱歌就表示太過輕鬆，建議增加強度。

有運動的老人
「幸福感」較高

運動能消耗熱量、提高新陳代謝、增進心肺功能，而利用運動來紓解心理的壓力也已經普遍得到各國的認同。陳俊忠強調，運動可以提高身體抗氧化的能力，預防衰老跟病變，也能有效改善憂鬱的情形。

鄭溫暖分析，壓力會干擾身體的免疫系統，增加癌症的罹患機率。而長期運動可以提高身體對壓力的承受力，同時提升免疫力，也能讓身體更健康。可見運動不再只是以強健體魄為目標，運動已經變成一種紓壓的新趨勢。

有報告顯示，有運動習慣的老人「幸福感」會比較高。當我們感到沮喪、憂鬱、情緒不好時，可以藉由運動很快的得到幫助。運動除了為生活帶來更多樂趣之外，也可以讓我們擁有更自信、更有掌控感的人生。

樂齡族，動出活力的年輕密碼

「運動」可提高身體抵抗力，降低罹病的風險，同時產生腦內啡讓人感覺愉悅。但不少人步入社會後，因各種理由未能規律運動，熟齡男女們想重拾運動習慣，要注意哪些細節？

裕生是科技公司的工程師，雖然年輕時曾是籃球校隊成員，但步入職場後因常常加班、應酬而中斷了運動習慣，休假寧可在家補眠，20多年資歷養出了啤酒肚，體力大不如前也讓他愈來愈暴躁。有一次電梯突然故障，鮮少爬樓梯的他一口氣爬上6樓，突然感到氣喘如牛，發現自己體能變差，他開始思考該做運動來減肥。加上新聞報導，運動能讓人忘卻不愉快、抒解壓力，更讓他動心，當天下班就去買了雙慢跑鞋，打算每天下班後，到公司附近的國中跑幾圈操場。

運動前掌握 3 要點
獲得最大運動益處

臺灣師範大學體育系教授卓俊辰表示，每個人都知道健身

運動的好處，運動不僅能增加肌肉力量，減少腰痠背痛，還會刺激「腦內啡」分泌，使人感到快樂、放鬆。但當事情一多，運動自然成為優先被排除的項目，即使不少熟男、熟女像裕生一樣，偶然警覺到健康大不如前，認為做運動有所幫助，但若沒有經過下列考量，運動還是很難持之以恆：

1. 運動不是一時興起的玩耍：應是長期、規律的習慣。

2. 心理上不要預設太多障礙：隨著年齡增加，許多人擔心身體狀況不如當年，其實，只要有手有腳即可從事健身運動。

3. 運動時要由慢而快、由少而多、由輕而重：若過去沒有規律的運動習慣，掌握前述重點才能獲得運動益處，而不是產生運動傷害。

如何尋找專屬的運動處方？

熟齡族會面臨老化問題，有些運動雖然常被推薦，但未必適合每一個人。臺灣體育學院運動健康科學系暨碩士班副教授趙叔蘋指出，運動不是動一動就好，需要在過程中感受運動帶來的樂趣、選擇適合

自己當時身體狀況的強度、執行時確保姿勢正確，所以每個人理應依照自己的條件而有不同的「運動處方」。

以老年人常見的退化性關節炎來說，膝蓋的支撐力不足，較適合做靜態的重量訓練，比如坐著抬腿，這種阻力訓練可訓練肌力，建立行動時的平衡感，可避免跌倒；相對來說，快走會加劇關節磨損，雖然廣被推薦，但不適合關節退化者。

游泳也常被視為老少咸宜的運動，尤其對於不適合慢跑或快走的人，游泳的負擔似乎較小，不過，趙叔蘋不建議較年長或筋骨受傷的人費力去游蛙式、自由式，而是運用水的浮力做相關的運動設計，這就需要專人量身提供適當的處方及活動建議。建議有此需求的民眾，可尋找有聘僱「健康運動指導師」（體適能指導師）合格執照的健身房或運動中心，貼身提供適合的健康計劃。

以體能水準為依據選擇運動項目

眼前要提升熟齡族的運動安全，趙叔蘋建議，最好請專業教練指導相關

的正確動作；另一方面，自己也要隨時與身體對話，比如記錄運動當時的感受、絕對不要過於勉強、不舒服時要馬上停止，隨時調整運動方式；當我們用心關注身體的反應時，運動的功效方能逐一驗收。

雖然年齡反應老化程度，但卓俊辰認為，運動處方的重點在於有多少體能水準，年齡反而不是關鍵因素，過去運動量少、傷病史多的人，即使只有 40 多歲，體能水準可能還不如長他 10 歲但有運動習慣者。

那麼實際該做什麼運動？卓俊辰強調，先知道下述該做的運動型態以及標準的運動量，再依照自己的生活形態、體能水準調整進行的方式，盡可能符合標準，才是有效的運動。

改變交通方式
輕鬆增加運動量

對於久未運動的熟男熟女來說，應先從「基本健身運動」著手，即每人每天累積至少 30 分鐘的中等程度運動、每次至少持續 10 分鐘。卓俊辰指出，中等程度運動指的是輕快一點的步伐、呼吸輕微增加但不會喘的狀態，包括一般走路、爬樓梯、騎腳踏車都屬此類。

嚴格來說，基本健身運動是一種生活習慣的改變，讓習慣坐式生活者改為動態的生活形態，卓俊辰表示，每天運動 30 分

鐘是低標，研究顯示每天若累積 1 ～ 2 小時是在活動狀態者，更有健康上的好處，建議可依據自己的作息，或是改變上下班的交通選擇，例如：騎腳踏車做為接駁，或搭公車時，提早一站下車走路。

可別小看生活型態的改變，卓俊辰提醒，有些人工作壓力大，又沒讓自己有轉移注意力的機會，情緒愈陷愈深、壓力愈積愈大，若能透過多走動的方式轉移情緒，反而更能心平氣和找出應對之道。

把運動融入日常生活
較易執行

何時適合做運動？卓俊辰認為應反過來問：「何時不適合做？」目前只有不建議吃飽就做運動，應間隔至少 1 小時，其他時間都可做運動。他建議配合自己的作息來進行，較易養成習慣，比如 40 多歲還在職場，工作性質屬於晚班，也不需要逼自己額外早起去慢跑，可選其他時間來做適合的運動。

運動的地點也應以靠近住家或職場為考量，才能讓運動融入生活。不少人繳了健身房、韻律舞的高額費用，但上課的地點不在生活圈內，可能一下雨就懶得出門。

熟齡族做運動是基於健康，甚至對年紀大的人來說，運動還具有社交功能，趙叔蘋建議找專業團體參加，一方面有伴可

相互激勵與支持，另一方面有專人指導，較能確保姿勢正確，以減少錯誤動作累積造成的傷害。卓俊辰則認為，運動雖然對身、心都有好處，但建議還是以增進體能或柔軟度的鍛鍊效果做為主要價值，盡量選擇自己有興趣的運動，樂在其中，才能獲取紓壓的附加價值。

「４類進階運動」增進健康體適能

　　每天累積至少 30 分鐘的中等程度運動，讓生活有「基本運動」量後，臺灣師範大學體育系教授卓俊辰建議，可提升到好處更多的「進階健身運動」，也就是「促進健康體適能的運動」，其標準是一周平均要做 3 ～ 5 天、每次應持續 20 ～ 60 分鐘，會呈現呼吸稍快、明顯會喘的狀態。

依照健康目的之不同，這類運動又分為 4 大項目：

1. **促進心肺耐力**：應做有氧運動，比如快走、慢跑、游泳、騎乘固定式腳踏車、律動舞蹈。

2. **促進肌肉功能**：應做全身性的重量訓練，以健身房器材為例，約做 8 ～ 10 樣器材，一個動作反覆做 8 ～ 12 次，重量負荷適當且有明顯用力。適當的重量訓練可強化肌肉功能，對於先天肌力就比男性差的女性來説，更為重要。

3. **促進關節柔軟度**：應做伸展操，即使在辦公室也方便做。

4. **幫助體重控制**：許多熟男熟女都有體重過胖的問題，在身體代謝變慢的情形下，控制體重必須同時從飲食與運動著手。運動方面，<u>「多走一步就有一步的效果」，讓自己建立動態生活習慣；此外，建議多做有氧運動，可消耗較多能量</u>。

Lesson 7

用旅行擴展視野

樂齡族適合自助旅行，還是跟團旅行？

　　國內調查顯示，民眾退休後最想做的事，分別是「旅行」、「當志工」和「照顧孫子」。尤其是都會區的民眾，退休後前2～3年，頻繁出國旅遊幾乎成為常態。而旅遊的首選，6～7成是參加中長期的團體行程，2～3成跟著家人或友人半自助出遊，只有少部分樂齡族選擇當背包客。退休後想出國玩，到底該自助旅行，還是跟團旅遊呢？

　　國人「愛玩」早已是不爭的事實，據統計，去年全臺共有超過1565萬人次出國旅遊，其中女性略多於男性10萬人，前往的國家更是遠達天涯海角，其中，最跌破國人眼鏡的可能是：「樂齡族是國人出遊的主力！」

　　台灣國際觀光救援服務協會理事長許高慶，曾長期擔任中華民國旅行商業同業公會全國聯合會祕書長，根據其從事旅遊業超過40年的經驗表示，「國內自助（半自助）遊」和「跟團遊」的比例約為4：6，其中自助（半自助）遊多半是年輕族群或家族旅遊，至於跟團旅遊，近年「橘色商機」明顯湧現，55～65

歲的樂齡族成為團體旅遊的主軸，這情況也和近年幾項調查數據不謀而合。

在許高慶理事長眼中，能外出旅遊的退休族，通常是經濟無虞且身體健康的「樂齡族」，其中有些是超過 60 歲的屆齡退休者，但更多的是提前退休的優退族，或企業整併外移被迫退休者。分析團員年齡，超過 6 成在 55 ～ 65 歲之間，尤其是高價位的旅行團或長線的行程，樂齡族的占比更高，有時一團中只有一兩對年輕夫妻，其他全都是樂齡族，一般團則常見初次出國的老人或是年輕人帶著父母全家出遊。

雖然樂齡族是旅遊市場的主力，但目前市面上很少針對樂齡族為號召的旅遊團，許高慶表示，過去曾有主打醫護人員同行的旅行團，結果不受歡迎，原因在於樂齡族並不希望被認為是「老弱殘兵」。目前旅行業針對樂齡族，多半加強領隊和導遊緊急救援和危機處理的知識與技巧，同時細心規畫行程，例如：悠閒不趕路，定點深入旅遊、少拉車、下午五點就回飯店、住宿安排至少市區四星級以上或郊區五星級旅店，美饌美景更是必備條件，或包含溫泉泡湯。

夫妻各有喜好
旅遊不一定要同行

旅遊作家李啟華，之前是國小美術老師，退休前就是愛玩、

愛攝影的旅遊作家，退休 20 年來，足跡更遍及各大洲，跟過各式旅遊團或攝影主題團，也有幾次自助旅行的經驗。她認為，旅遊就要體驗不一樣的生活，交不一樣的朋友，吃不一樣的食物，看不一樣的風景，所以在看遍了歐美各國豪華進步的城市後，她更喜歡前往非洲、南美洲、中東或東南亞等原始、少數族裔的地區旅行攝影。

有趣的是，李啟華的另一半郭光仁老師，退休 25 年間，最喜歡前往歷史文明古國旅行，印度及中國各省才是他的最愛，所以從年輕時開始，除了少數幾次如印尼、東馬曾同遊外，夫妻倆幾乎「各玩各的」。像 2018 年暑假，七月李啟華和同事去尼泊爾自助旅行，郭光仁顧家陪小孩；八月換班，郭光仁第四度遊印度，李啟華則在家照顧小孩。退休後，兩人每年各自出國 3 ～ 5 趟，20 幾年來幾乎玩遍各國，還因為旅行認了一個可以當遊伴、愛攝影的乾女兒。

李啟華坦言，「同行出遊者，最好年紀差不多，作息、喜好和趣味也差不多。」李啟華觀察發現，年輕人出遊，喜歡晚睡晚起、放鬆、按摩、逛市集、吃路邊美食、躺在海邊曬太陽；樂齡族雖然也有起床後要化妝兩小時才出門、出國只為大買名牌包的人，但多數都想多看風景、聽故事、交朋友、拓展視野，所以通常很快就能熱絡起來。跟團旅遊時只要避免不合群、愛

挑剔抱怨、看什麼都不順眼，就能成為受歡迎的團員。

　　喜歡旅行、寫作和攝影的李啟華，曾號召 10 位女性朋友自行規畫半自助旅行（找印尼當地一位臺商旅行社配合），前往語言不通，又有戰亂的巴布亞新幾內亞食人族村落旅行；也曾 6 次跟攝影團前往西班牙法雅火節、緬甸長頸族村、不丹錫金、美西 6 大惡地國家公園、巴布亞哈根山嘉年華會等主題旅遊，同團的人，很多是為參加攝影比賽或寫論文升官拿學位的，李啟華雖然也扛著一台單眼相機，但對人比對景有興趣，玩起來比較隨性，樂趣十足。

迷路時切忌慌亂
隨身攜帶領隊及團友電話

　　雖然個性隨和從眾，李啟華不諱言自己因沉迷拍照、貪看景點，曾在旅途中「把自己搞丟 5 次」，一次是在上海世博會場，迷路又找不到集合點，也沒帶旅館和領隊電話，只好向當地公安求救；一次是在西班牙法雅火節，當時人山人海，一轉眼全團人都不見了，還好隨身帶著旅館的卡片，便用破碎的英文一路問到集合的餐廳。

　　另一次是在義大利，適逢當地運動會，領隊想走捷徑，通過上萬人隊伍去拍一個教堂，結果李啟華一個不注意跟丟了，當下她想：不能再去找教堂了，走回遊覽車，請司機跟領隊通

話，領隊再過來接她。「在國外，迷路是常有的事。」李啟華在俄羅斯夏宮搭水翼船去看歌舞表演，和在荷蘭旅遊時因團員多達 25 人，都遇過同團母女和夫妻迷路的情況。

在國外迷路時，李啟華提醒，要鎮定不亂走，有對講機比較沒關係，兩百公尺內都可通話，不然手機一定要通暢，最好隨身帶著旅館電話、行程表，記得遊覽車停放地點或下一個集合地點，或領隊、其他團員的電話。「外出旅行，外衣不用多帶，但最好穿黃色、粉紅色等彩度高的外衣，不要穿得灰撲撲的，迷路時才容易被找到。」

想開心旅遊，皮包證件一定要顧好。某次去荷蘭旅遊，一位每天清晨都要祈禱 1 小時的貴婦，等大家都吃完早餐才下樓用餐，結果放在座位上的皮包證件全被偷走。當天大家快樂出遊，這位貴婦只能獨自去補辦護照，雖然當晚證件補齊了，但錢全被偷光，自嘆祈禱不夠虔誠的貴婦只好向領隊借錢。

「還好這位女士英語能力不錯，有能力處理，若是別人，早就欲哭無淚了。」這件事讓李啟華領悟：「出遊要團體行動，同時『手不離袋，袋不離手』，所有雞蛋不要放在同一個籃子裡。」李啟華也憶及另一半有次旅行，脫下腰包放在背包上，從行李箱找件衣服套上，沒想到一抬頭竟發現腰包連同相機、存摺、提款卡整個被偷走，至今都想不透究竟如何被摸走。

樂齡族適合自助旅行嗎？
要考量哪些因素

　　國際領隊黃作炎多年來帶領 55 歲以上樂齡族，環地中海（南歐、東南歐、中東、北非各國）遊賞世界文化遺產。他發現參加這類「專家帶路」行程的成員，絕大多數是「三師」（律師、老師、醫師），女生較多，也有不少是太太約先生同行，和社區大學、老人大學陰盛陽衰的情況差不多。

　　黃作炎年輕時愛自助旅行，考上國際領隊、導遊執照後，都是帶團旅遊。他認為，樂齡族跟團的好處是，事先已審閱行程，只要按部就班跟著走，不用煩惱吃住，也不會因為迷路而慌亂，只要好整以暇的專注聆聽做筆記，就可以重新印證過去書本上的知識，獲得以前在課本上聽不到、見不到的知識和常識。

　　話說回來，樂齡族究竟適不適合自助旅行？黃作炎認為，這要看樂齡族的個性，如果個性外向，喜歡交朋友，見多識廣，閱歷豐富，遇到問題樂於開口問，語言能力也夠，的確可以考慮自助旅行。但他發現，不少樂齡族自助旅行一、兩次後又回來跟團，因為自助遊並沒有比較便宜，過程中精神卻很緊繃，甚至有人在歐洲高鐵上遇到三、四個吉普賽女郎包圍行搶，最後決定還是跟團走比較安心。

　　許高慶理事長也表示，對人地事物適應力不強的樂齡族，沒有必要堅持自助旅行，「機＋酒」比較適合都市定點旅遊或郊區度假村，重點是飛機最好一趟可抵達，也不建議隨便加入當地人號召的在地行程。跟團遊則要慎選口碑好的旅遊業者（可上旅遊品保協會查詢），或自己組團規畫後請旅行社配合亦可，參加後就能快樂出遊。

　　許高慶曾帶一團樂齡族前往日本旅遊後，同行者立刻約好隔年再續前緣。後來這 20 人組成的「千歲團」，到日本 DIY 蕎麥麵，採櫻桃，甚至到夜山玩雪、滑雪，團員中少部分是子女，其餘都是 60 歲以上的健康或亞健康樂齡族。「過去接待過家族合力出錢讓坐輪椅的長輩出遊，費用雖然較高，但老人家一路玩得很高興。」

　　「60 歲以下、65 歲左右、75 歲以上，需求各不相同，路線難易、時間長短、設施配備、交通食宿都不相同，另外還要考慮自身健康狀況能否配合？景點是否是自己想深入了解的？全部考量完了再做選擇。」許高慶認為，跟團遊要有心理準備，天底下沒有完美的旅遊，只要大部分符合，就可以挑選了。

4 種常見的旅遊行程ＰＫ

	一般跟團	迷你團主題行程	半自助遊	自助遊
型態	15～30 人一團，包機包酒包導，制式景點，包羅萬象，但不深入。	2～4 人即可成行的迷你團，或 20 人內之主題旅遊團，如攝影團、馬拉松團、單車環法團。	1. 請旅行社安排「機＋酒」，其餘自行安排。 2. 親人或友人組團出遊，可以單點深入，也可多點漫遊。	一人或二人以上結伴同行，自己規畫行程及行進節奏，可隨時更改計畫。
特性	需團體行動，和不同生活習慣者同遊，且多少有購物行程。	包機包酒包導＋自由行。	食宿事先安排，可依情況變更行程或更改機票。	隨心所欲，交通食宿自行安排，風險自負。
有無導遊領隊	有導遊和領隊，有些會有地陪。	有導遊或有領隊或有地陪。	若加入當地行程可有導遊。	無導遊，可至當地自聘。
資料收集方式	旅行社提供行程、地圖及行前說明。	導遊或領隊規畫行程或和團員討論決定。	旅遊資訊協會可提供部分協助或自行上網收集。	上網收集，參考別人行程或經驗。
價格	平價團或高檔團，任君選擇。	一般費用高於跟團。	和跟團相差無幾，或高於跟團。	比跟團便宜或和跟團差不多。
語言能力	不限。	不限，可自選語言能溝通的導遊、領隊同行。	旅行者最好略懂當地語言或英語。	旅行者最好懂英語、西語或旅遊當地語言。
適合對象	初次出國或無法自助旅遊者。想無憂無慮暢遊美景、品嘗美食者。	具經濟能力且喜歡特色行程或特定主題者。	定點或城市旅遊，或成員有規畫及執行能力者。	樂與外籍友人互動，適應力強，應變力佳，能搞定食宿問題之人。
注意事項	慎選旅行社，愛逛街者注意晚上下榻處是否在郊區。	導遊應選擇具專業證照且樂於溝通者。	旅遊地區最好一趟飛機可抵達。若旅店在郊區應早回，參加當地行程最好選擇酒店認可的。	事先作足功課，注意護照、財幣及健康安全，避免前往戰爭、天災及傳染病盛行的地區。

熟齡自由行，出發前必做的 3 大評估

　　想出國自助旅行卻又不知道該如何進行嗎？很多初次規劃自由行的人總會惴惴不安，深怕漏東漏西，其實，只要事前準備越完善，越能降低忐忑不安的情緒，跟著專家的建議來安排，讓你第一次就上手，變身獨立旅行者！

　　熟齡朋友自助旅行要玩得盡興，平安順利地返抵國門，關鍵在於行前是否做好規畫及準備。自助旅行的食、衣、住、行、育、樂都得自理，該怎麼做才能準備妥當？事前評估不可少！本文專訪兩位自由行經驗豐富的旅遊達人，和讀者分享出發前該先做哪些評估：

評估 1

體能是否玩得動？

　　熟齡朋友安排自助旅行時，很多人會先評估「去哪兒」？玩幾天？943 是百國玩家美食旅遊俱樂部會長，曾親身體驗用最省錢的方式造訪一百多個國家，她表示最該優先評估的是「健

康」，這是必須優先考量的現實問題，不要硬撐，以為身體沒問題，而忽略旅遊時耗費的精神、腦力及體力，不要逞強，硬是選擇搭乘深夜到凌晨出發的「紅眼班機」，否則下飛機後容易睡眼惺忪，精神不濟。

若是出遊過程中感到身體不適，943也建議寧願休息，也不要硬撐。她分享，自己曾經在旅行時，不小心在晚餐時吃到含有咖啡因的提拉米蘇，害她晚上睡不好，隔天起床頭很暈，只能待在飯店好好休息，放棄參加騎著「賽格威（segway）」電動代步工具的旅遊活動。雖然扼腕，但事後發現該活動需要上坡、下坡，一不留神很容易摔倒，讓她慶幸自己做了一個很有智慧的決定。

戶外用品「秀山莊」創辦人陳榮芳，今年已經80歲了，自助旅行長達40年，走訪80多個國家，是資深的熟齡背包客。他強調，出國前必須重視整體評估，健康、體能、語言、經濟、應變能力都需考量，其中健康、體能必須優先考慮，若突然生病，建議暫時不要出遊，留得青山在，不怕沒柴燒。

這些年來隨著年紀增長，每次出國前，陳榮芳都會先去醫院檢查，瞭解基本體能及健康狀況，就是希望每一次的旅程都健康平安。到現在為止，幾乎沒有在國外發生急症的情況，唯獨一次在日本311大地震後前往日本旅遊，過程中發生膝關節

突然疼痛的發炎症狀，剛好旅館附近有一間骨科醫院，經過治療後，健康無礙，便繼續旅遊。

陳榮芳笑說，之前聽說在日本看病很貴，但那次看診，醫院竟沒有收取費用，讓他覺得很感恩，後來想想可能與臺灣捐款賑災，協助日本地震後重建有關，所以醫院堅持不收醫藥費。回國後，他還是回寄了烏魚子感謝醫院診治。

評估 2

有無出遊挑戰的勇氣？

熟齡族體力不如年輕時，是否能勝任國外自助旅行？ 943 建議一個測試自己規畫能力、體力、腳程負荷的好方法——先安排一趟國內環島旅行，順道連行李打包、衣物穿著及應變能力一併測試，當作出國前的行程體驗。從地點、交通、住宿安排、旅費計算到行李打包、飲食、藥物、旅費、穿著所有細項不假他人，全程自理。943 認為，規畫一趟個人或結伴的國內自助旅行是最務實的作法，「全部是自己打理，只有自己才知道適不適合出國自助旅行。」

陳榮芳則建議，若在國外有熟識的朋友，也可請朋友協助玩一趟不一樣的自助旅行，增強出遊的勇氣。他第一次自助旅遊是到印尼，卻在途中遇到搶劫意外，讓他一輩子難忘，卻也激發他要遊遍全世界的決心。

　　陳榮芳曾在美商亞洲航空擔任品管檢驗領班，一位同事是印尼僑生，力邀他前往印尼一遊。他在轉乘的火車上遇到蒙面人搶劫，他靈機一動，將大鈔塞進鞋墊底下，取下手錶放在地上用雙腳踩住，將僅剩的零錢給搶匪，逃過一劫。這段過程讓他心有餘悸，卻勇氣備增，搶劫的大難都逃過了，一些敲竹槓的小困擾就不是問題了。

　　第一次自助旅行就遇到搶劫，自此安全意識成為陳榮芳的「旅遊 DNA」，不僅穿著打扮會刻意低調，與當地人無異，旅行時也會眼觀四面、耳聽八方，提高警覺。陳榮芳認為，不經一事，不長一智，有沒有自由行的勇氣是需要評估的，如果可以面對，就放膽去玩吧！

評估 3
出遊地點治安好嗎？

　　若沒有任何自助旅行經驗的人，陳榮芳呼籲，第一次自助旅行不要貿然遠赴歐洲、美洲、非洲等國家，因為「太冒險了！」歐、美國家地域遼闊，常有方圓百里看不到一個人的情形，萬一生病或發生意外，沒有人可以協助處理；而非洲地區衛生條件太差，怪病很多，建議先選擇鄰近國家體驗自助旅行的樂趣及難處，像日本、新加坡就是他最推薦的兩個國家，因為具有距離臺灣不遠、治安良好、語言溝通方便等三大優勢，

可以漸進學習一個人或結伴旅遊的所有事務，等到視野開拓、膽識增強、累積經驗後，再到其他國家自助旅行。

倘若不幸遇到偷竊、搶劫等突發狀況，應沉著以對，避免慌張，事後要立刻報案，試圖尋找當地華人或會講中文的遊客協助處理。為因應旅途中發生意外，陳榮芳叮嚀出發前，一定要到外交部領事事務局查詢「國外旅遊警示表」（https://reurl.cc/xDxVV，或可掃描 QR-Code），若是紅色警戒，代表「不宜前往，宜儘速離境」；橙色警戒代表「避免非必要旅行」；黃色警示代表「需特別注意旅遊安全，並檢討是否要前往」；灰色警示則代表前往此地要「提醒注意」。同時也要備妥駐外館處的緊急電話、電子郵件、網址等相關訊息，萬一遇到急難事件，可立即尋求支援。

陳榮芳提醒，背包客在旅途中常會遇到聊得來的陌生人，為了安全起見，千萬不要飲用陌生人遞上的飲料或食物，以免被下藥，尤其女性朋友更要特別小心！雖然他沒遇過，但聽過不少，也看過相關報導，陌生人常會在飲料中下藥，或拿出大麻請你嘗鮮，然後趁人意識不清時強暴或洗劫。

陳榮芳也呼籲，千萬不要替不認識的旅客攜帶任何東西！因為裡面可能藏了毒品或違禁品，萬一被海關搜出，會被扣留

在當地，甚至要在當地服刑。另外，揹大背包的熟齡朋友要注意，外袋要上鎖，避免有心人塞違禁品在外袋，惹來麻煩。

出國旅遊，如何挑對適合的國家？

出遊時，安全的排序永遠要擺在第一，只要旅途中發現安全疑慮，都要特別謹慎小心。在國家的選擇上，陳榮芳和 943 不約而同都建議：

✔ 日本、新加坡旅遊最安全

每一個國家治安不同，日本、新加坡是少數治安良好的國家，如果東西掉了，還有機會找回來。陳榮芳到日本旅遊，掉東西不下十次，每次都找得回來；另外新加坡政府管理國家全球有名，禁吃口香糖、禁亂丟垃圾、禁隨地吐痰，公共環境很乾淨，是全球有名的安全城市；所以他大力推薦去日本、新加坡自助旅行。

✘ 東南亞、歐洲國家安全有慮

若到東南亞的泰國、菲律賓、寮國、越南，或歐洲的義大利、法國、希臘旅遊，要小心被偷、被扒、被搶的機率會增高！ 943 表示，在東南亞國家坐嘟嘟車（類似三輪車的交通工具）都會被搶，或被繞路騙錢；到歐洲國家，則有不少吉普賽人組成的專業扒手團隊，只要被盯梢，包包很可能就不見了，所以財不露白是最高的安全準則，千萬不要給人覬覦錢財的可能，背包必須斜背，分秒不離身，更不可將包包隨意放在坐椅上，很容易遭竊。

第一次自助旅行到哪兒最好？
不妨來趟輕鬆的郵輪旅遊吧

　　跟團旅遊玩膩了，很想嘗試一下自助旅行，第一次去哪兒玩最好呢？ 943 及陳榮芳不約而同都推薦郵輪旅遊。

　　參加國外旅行團行程，幾乎是拖著行李，天天坐車趕行程，自助行一樣得拿著地圖找車站、找飯店，但是搭郵輪遊旅沒有這些麻煩事，相對比較輕鬆。

　　943 表示，不論郵輪航程多久，都是住在同一個房間，省去收拾行李、更換飯店的辛苦，且郵輪 24 小時提供三餐，各式美饌佳餚隨意吃，年長者頻頻如廁的煩惱也跟著解決，洗手間到處都有，不用四處找。此外，郵輪提供多項娛樂、休閒設施，不會覺得無聊。

　　943 曾經帶著爸媽來一趟郵輪之旅，爸媽個性不同，各有所好，媽媽愛熱鬧，會參加岸上行程，爸爸較安靜，會選擇回房間休息，但因郵輪旅遊提供的行程多元，設施又很完備，動靜皆宜，體力負荷得了，讓爸媽兩人都玩得超盡興。

　　陳榮芳也曾搭過郵輪旅遊，一次是基隆到石垣島，一次是溫哥華到阿拉斯加，兩次都留下不錯的回憶，不會趕時間，又可以玩得盡興，可以一個人旅遊，兩、三個人結伴也行，「很適合已退休，又想自助旅行的朋友。」

出發旅行前，有哪些準備工作要做？

旅遊時，總會在行李箱準備各種用品，但又怕自己丟三落四？三位旅遊達人條列出發前該做的事前評估，以及出國該帶什麼？讀者只要照著清單準備就對了！

樂齡族人生經驗豐富，但所謂「在家千日好，出門處處難」，出國旅遊變數多，最好行前做好準備，旅行時才能「快樂出遊，平安回家」。台灣國際觀光救援服務協會理事長許高慶、國際領隊黃作炎、旅遊作家李啟華提醒樂齡族，行前應做好下列準備：

1. 行前充分評估：

仔細評估行程天數及內容是否適合自己，萬一體能不佳，要有心理準備放棄部分行程，到了當地只能待在集合地點坐等其他團員。

2. 先跟團玩一次：

建議先跟團玩一次，再考慮是否要自助旅遊。想自助旅遊，最好懂得當地語言，或至少英語可溝通。

3. 兩人同行較佳：

機＋酒最好選擇「兩人成行」的行程，通常旅遊品質較佳。

4. 揪伴跟團遊：

跟團旅遊最好找一至二名腳程差不多的遊伴同行，或與家人結伴，以免和生活習慣不同的人住在一起不適應。

5. 詳讀促銷團合約：

一分錢一分貨，不要貪小便宜。超便宜行程大多是旅遊業者包機後招攬不順利，面臨清倉壓力，只好便宜求售。這種便宜的行程通常不會更改路線，食宿和交通較容易出狀況，若業者願意調整，最好載明於合約中。

6. 詳閱合約行程：

沒有寫進定型化契約中的景點，一定不會去。如果有特定想看的景點，請業者規劃時要寫進合約中。若有自費及購物行程，最好也寫清楚。

7. 出發前安排好交通和行程：

不論自助或半自助旅行，最好行前就安排好當地行程、交通或 Bus tour，不建議新手到當地才找旅行社或導遊。

8. 慎選旅行社：

旅行社是否有好口碑，或專精某地區或某路線，可以上網查或去電品保協會詢問，台灣國際觀光救援服務協會會員所屬的旅行社，領隊及導遊都有完整的急救訓練，可降低意外的風險。

9. 謹慎評估行程：

樂齡族的行程不宜有太激烈的活動，若有，應考慮放棄。

避免疫區和戰亂國：旅遊難免遇到突發狀況，尤其是地震難測，已發生戰亂和天災的地區應避免前往。傳染病流行的地區也要評估是否前往或事先做好預防。

10. 買醫療保險：

醫療保險雖然很少用到，但出發前買個安心也不錯。

11. 別抱病出遊：

出遊前盡量養精蓄銳，千萬不要抱病出遊，即便感冒未癒也要仔細評估，在國外就醫很麻煩，萬一要包機返國，動輒要上百萬元。

12. 注意人身安全：

提醒自己「手不離袋，袋不離手」，以免遭竊。更要謹記「手先出去，頭再出去」避免一時眼花撞到透明的玻璃門窗而受傷。

13. 牢記集合地點：

若眼睛不好看不了地圖，或對智慧型手機的使用不熟練，一定要想辦法記得領隊交待的重點。若領隊有發對講機，一定要隨時掛在腰間。

14. 挑實用的紀念品：

難得出國要盡量看、盡量玩，頂多買小紀念品、工藝品或當地的特產回國送友人，數量不用太多，以免攜帶不便。不見得要買當地服飾，因為回國後很少會再用到穿到。

至於行囊中建議攜帶的物品如下：

1. 常備藥：

如頭痛藥、胃腸藥、頭暈藥及防蚊、外傷藥、貼布。李啟華認為，一小條蜂膠可緩解感冒、頭痛、牙痛、頭暈、喉嚨痛、肚子痛，非常萬用。

2. 處方醫囑：

醫師處方最好帶著，不然就多準備 1 ～ 2 天分量。

行李箱不要太大：雖然目前行李箱多半有輪子，但旅遊當地不一定能拖行，說不定要提著走，所以盡量挑選方便攜帶、夠裝的就好。

年長者應帶拐杖：70 歲以上旅者，最好帶根拐杖，走路比較

安全。

3. 帶足夠的保暖衣物：

天候變化很難預料，有些地方日夜溫差大，行囊中最好帶著從頭到腳的保暖衣物，常見只帶外套，忘了帶帽子、襪子、手套的情況。怕冷可帶貼身暖暖包或隨身帶一條長圍巾。

4. 前往雪地要帶雪鞋：

行程中若有玩雪，要事先詢問是否需自行準備雪鞋或由旅行社統一準備。

5. 詳閱違禁品清單：

旅行社通常會發「提醒清單」，最好不要自找麻煩夾帶違禁品，以免被留置機場影響全團行程。

6. 注意肉製品出入境限制：

每個國家對於肉品出入境的規定不同，行前最好先了解。信奉伊斯蘭教的地區，豬肉罐頭、肉乾、肉鬆少量自用可以攜帶，包裝上有豬的圖像最好先撕掉，不然可能被沒收，但不至於有其他麻煩。

7. 留意藥品離境上限：

攜帶藥品各國規定不一，例如：日本規定離境藥品，單項不能超過 12 瓶，總量不得超過 36 瓶。

攜帶完整城市地圖：可向旅行社索取旅遊當地的地圖，更完

整的細部城市地圖，建議在大型旅展中免費索取。

8. 行李不要帶太多：

準備幾套乾淨的內衣，外衣不必多，但要顏色鮮豔，讓人容易辨識。

9. 備妥水及乾糧：

隨身要帶水及乾糧，因為當地可能沒地方買。另外，在中東、土耳其、北非等多達十幾二十天的旅程，路程拉很長，飲食不習慣，玩久也會累，行前不妨帶些玉米濃湯包、泡麵或辣椒醬等罐頭，去到當地泡碗湯或泡麵配罐頭，也能撫慰腸胃。

10. 穿柔軟好走的舊鞋：

萬一要爬坡或路面高低坑洞很多，有跟的鞋不利行走。

11. 行前備好手機網路：

手機無線網路最好在出國前購買好。

12. 隨身帶支小手電筒：

走夜路或遊洞穴時較安全。

13. 隨身攜帶有寫姓名的物品：

隨身帶著有寫英文姓名及地址的筆記本及名牌，方便迷路時被尋獲。

Lesson 8
訂定適合自己的飲食計畫

你「營養不良」？小心營養攝取不足

相較於過去總是以有無慢性病為判斷指標，這幾年，愈來愈多專家認為，「睡得好、吃得好、常活動、樂天知命」才算是健康老人。

案例

今年 52 歲、平日很少運動的美妍，擔心步入更年期後會逐漸發胖，只好更嚴苛的減少飯肉、增加青菜來控制體重，沒想到一次健康檢查，醫生竟然告訴美妍不但有骨鬆、肌肉量不足的危機，未來更可能有肌少症等身體衰弱的問題，要美妍每餐多吃豆魚蛋肉，讓她陷入兩難，擔心體重一發不可收拾。

「對過了 50 歲的人來說，減肥並非不好，但如果身材能維持『輕微胖』會更好！」臺北榮民總醫院高齡醫學中心高齡醫學科主任彭莉甯表示，盲目減肥和過度肥胖都不正確，上了年紀的人追求健康的重點應放在「增肌」和「減脂」上。

何謂「輕微胖」？國家衛生研究院群體健康科學研究所副

所長許志成說，若以 BMI 值（體重 kg ／身高的平方 m²）來看，50 歲以下的人，BMI 值 18 以下算過瘦，20 ～ 22 是正常，超過 23 是過重，25 以上是肥胖；但對 50 歲以上的人來說，BMI 值為 23 ～ 25 算可以接受，65 歲以後 BMI 值 27 也不算肥胖，甚至最好維持在 27 ～ 30（亦即年輕族群認定的「肥胖」）反而比較健康。

所以，「養生不一定要減重，老人即便胖一點也不是問題！但就算有點胖，腰圍最好還是維持在男生 90 公分以下，女生 80 公分以下。」過了 50 歲，除非是病態型肥胖，BMI 值高達 30 以上，才有必要透過營養師協助，維持肌肉量，同時減去不必要的脂肪。

彭莉甯也指出，醫生「不鼓勵老人家節食減重」，原因是用不吃來減重，減少的體重中，流失的肌肉往往比脂肪更多，盲目減重可能造成營養不良，可說是得不償失。長久下來，就會體力衰弱、精神變差、容易跌倒，反而不利於養生。

缺乏任何一種營養都算營養不良
全臺約四成老人營養攝取不足

兩位受訪者都認為，營養涵蓋的範圍很廣，不一定非要出現什麼症狀才算營養不良，凡是攝取熱量不夠、營養不均衡、單一或多種維生素缺乏，都是醫界認為的「營養不良」。

　　「每個營養不良的人，可能情況各不相同。」彭莉甯說，年長者最容易攝取不足的是蛋白質（特別是動物性蛋白質），其次是維生素 B12（多存在紅肉、牛奶、起司中），再來是鈣質和維生素 D（存在於深海魚肉、肝、起司、蛋）。「人體所需的維生素、礦物質種類繁多，只要其中一種攝取不足，都是營養不良。」

　　北歐曾對住在機構中的老人進行檢測，雖然不能斷言是住院後營養不均衡或是因身體不好、營養不良導致住院，但調查發現住在機構中的老人，有 23 ～ 60％都營養不良，住在一般病房或加護病房的老人，則有 12 ～ 50％營養不良，顯示老人營養不良的情況相當普遍。

　　至於國內類似的調查，最近一次是 2013 ～ 2014 年由國健署進行，推估國人約有 40％的老人熱量攝取不足。該次調查雖然沒指出究竟是哪部分的營養不足，但彭莉甯推估，應以蛋白質和 B12 攝取不足占大多數。

牙口不好、胃口不佳
讓老人常蛋白質攝取不足

　　事實上，依據 2018 年 5 月初公布的國民營養健康狀況變遷調查發現，全臺 19 ～ 64 歲成人每日平均乳品攝取不足 1.5 杯者高達 99.8％，每日堅果種子不足 1 份者為 91％，每日蔬菜攝

取量不足 3 份者為 86％，水果攝取量不足 2 份者亦達 86％；據此可知，如果連 65 歲以下的國人不及格比例都這麼高，可以想見牙口、胃口都不好的老人，不合格率只會更高。

對照實際情況，很多注重養生的老人，常會說自己三餐「吃很多」，但早上是饅頭配稀飯或豆漿，中午是白飯配青菜和醬瓜，晚上又是青菜湯麵配豆腐乳或涼拌菜，分析起來大多是碳水化合物，加上牙口不好，咬不動或原本就不愛喝牛奶、吃起司，很難均衡攝取全穀雜糧、豆魚蛋肉、蔬菜、水果、乳品及堅果種子等六大類食物。

「成人每天都要吃到國健署公布的『我的餐盤』六大類食物建議量才夠營養，老人甚至要吃更多蛋白質，營養才足夠。」但彭莉甯實際臨床觀察，絕大多數老人都吃得太少，也吃得不夠營養。

彭莉甯補充，歐洲近年鼓勵老人增加到每公斤體重攝取 1.2g 蛋白質，因為老人肌肉會加速流失，加上老人的腸胃道沒有年輕人吸收力那麼好，所以需要提高一點蛋白質攝取量（但也要看身體狀況能不能負擔）。許志成則建議，最好每公斤體重攝取 1.2 ～ 1.5g 蛋白質，並以客觀方式測試血液中的白蛋白，小於 4 就要懷疑是營養不良，小於 3.5 就確定是營養不良，受測者的死亡風險會明顯增加。

沒糖尿病、高血壓、骨鬆
不代表就是健康老人

撇開營養素的攝取問題，彭莉甯指出，近年世界衛生組織 WHO 對高齡者「健康」的定義已大異於以往。65 歲以上老人，不再以年齡區分血糖、血壓、血脂或 BMI 值，而是認為生活功能很好，就是「健康」，即便有糖尿病、高血壓、中風、骨鬆等疾病，只要還能自在走動、出遊樂活，就是健康老人。

因此，體重也好、BMI 值也罷，參考即可，並不是健康與否的絕對標準。畢竟 BMI 值是體重除以身高的平方，但體重是由肌肉和脂肪組成，老人家的重點不是看體重而是看全身含有多少肌肉量，90 公斤體重的老人若身體大多是脂肪，萬一生了場大病，還是無法儲備足夠能量去對抗疾病。

所以，現在新的判定方式，是用「骨質密度儀」去看肌肉和脂肪組成的比例，或用「InBody 儀器」進行 BIA 身體阻抗分析，去看身體中的肌肉和脂肪比例，才能真正反映出身體組織中有多少是肌肉。如果肌肉愈多、脂肪愈少，雖然不一定完全反映健康情況，但的確比較有本錢對抗疾病，至於肌少症的老人則應據此注意提升自己的體能。

至於體脂，並沒有標準定義顯示老人體脂率應該多少才健康，只要不過高即可。「正確的減重方式，是增加肌肉量，減

去不必要的脂肪；也就是要吃東西，但做更多的運動，甚至做些輕微的重力訓練，讓身材稍微圓胖一點。」彭莉甯說，胖一點除了有生病的本錢，跌倒了，屁股上的肉也可避免骨折。

「肌肉是所有器官中退化最快速的，所以即便努力運動，老人看起來還是皮皺不結實。」許志成說，過了 50 歲絕不可盲目減重，年過 65 歲，愈瘦的人死亡率愈高。

許志成研究發現，BMI 值 24 ～ 27 的老人，五年內死亡風險最低，27 ～ 30 風險也低，反而是 BMI 介於 22 ～ 24 的人，死亡風險比 24 ～ 30 多一倍，18 ～ 21 死亡風險則多兩倍，小於 18 風險多三倍，可見愈瘦的長者，死亡風險愈高。所以 50 歲後別盲目減重，維持肌肉量及體力才是養生之道。

老年人如何吃進元氣？

　　根據國健署統計，約有 40% 的老人都有營養不良的問題，容易造成跌倒、骨折、不能獨立生活、長期住院和增加醫療及照顧支出。當牙口不好、咀嚼能力變差的老人被醫師告知營養不良，該如何調整料理，讓長輩吃得下且吃得營養？

　　很多三高、肥胖族奉行的「少油、少鹽、少糖，多纖維」的飲食原則，其實並不適合銀髮族。馬偕紀念醫院醫學中心營養課營養師趙強解釋，年紀大了，常會因牙口不好、唾液分泌少、嗅味覺變差、消化功能衰退等因素而影響營養攝取，若堅持清淡、高纖飲食，恐怕會衍生營養不良問題，出現肌少症、骨鬆、骨折、貧血等症狀。

　　根據國健署銀髮族一日飲食建議，蔬菜量為 300 公克，但門診中一位 70 多歲的老病人每天吃 600 ～ 800 公克蔬菜，纖維吃太多，吃不下飯及肉類，導致熱量、蛋白質缺乏，經調整飲食內容，減少蔬菜量，增加蛋白質食物後，老人家變得更健康。

他強調高齡族群要吃得健康，最要注意蛋白質、鈣、鐵的補充，才能吃出元氣、維持肌肉量，降低因營養缺乏引起的老化疾病。

元氣來源是蛋白質食物
每天吃得分量要足夠

蛋白質具有維持精神體力、增加肌肉量，增強老人家抵抗力的作用。趙強營養師建議用每 10 公斤體重需要 1.2 ～ 1.5 份蛋白質來計算，建議 60 公斤的老人家每天要吃 7 ～ 9 份蛋白質食物。

哪些食物的蛋白質含量高？趙強營養師表示，最新評估蛋白質含量的方法是「蛋白質消化率校正之胺基酸分數（PDCAAS）」，這是一種衡量蛋白質的消化率是否能夠滿足人體胺基酸需求的一種方法，1 分為滿分，0 分為最低分，其中牛奶、酪蛋白、乳清蛋白、雞蛋（含蛋黃、蛋白）、大豆蛋白是 1 分，大豆 0.91 分，肉類（牛、家禽、魚）0.9 ～ 1 分，鷹嘴豆（俗稱「雪蓮子」）0.52 分、黑豆 0.53 分，也就是說，牛奶、奶製品、豆類、豆製品、雞蛋、魚、豬牛羊肉等都是優質蛋白質來源，挑選這類食物食用，可充分攝取蛋白質。

含鈣食物不能少
天天喝 2 杯牛奶顧骨本

老年人的骨鈣合成遠低於骨鈣解離，導致鈣質流失很快，

必須注意食物中鈣質的補充，每天需補充 1000 毫克鈣質，才能減緩鈣質流失。

亞東紀念醫院蘇筱媛營養師表示，<u>臨床上發現老人家缺鈣與喝不喝牛奶有很大關係</u>。雖然食物中有不少高鈣食物，像芝麻、小魚干、紫菜、蘿蔔葉、地瓜葉、莧菜、豆製品等，但最好的鈣質來源是牛奶及起司、優格等奶製品，除了高鈣外，還含有蛋白質、維生素 B 群，很適合老人家補充。

一杯 240cc 牛奶的鈣含量是 250～270 毫克，一天喝兩杯，已經補充一大半。蘇筱媛營養師<u>建議老人家要養成喝牛奶及吃奶製品的習慣，才能避免鈣質缺乏；若擔心乳糖不耐症出現腹瀉情形，可選擇優酪乳、優格食用</u>。

含鐵食物天然ㄟ尚好
不要盲目補充鐵劑

鐵是重要礦物質，參與所有人體的新陳代謝，趙強營養師表示，從飲食中攝取鐵並不難，只因老人家牙口不好，咀嚼功能差，進食不佳，致使缺鐵問題嚴重，容易出現頭暈、疲倦、記憶力差等症狀，甚至衍生老人貧血。<u>衛福部調查國內 65 歲以上老人，每 5 個老人有 1 人貧血，顯見老人貧血問題不得輕忽</u>。

老人家要攝取足夠鐵質，透過吃天然食物補充最好，也最安全。蘇筱媛營養師表示，鐵質來源有兩大類，一是動物性食

物的血基質鐵（heme iron），像紅瘦肉、動物內臟、動物血液（豬、牛、雞、鴨血）及植物性食物的非血基質鐵，像豆類（黃豆、皇帝豆、莧菜、紅鳳菜、黑芝麻、紫菜），從吸收率來看，血基質鐵遠優於非血基質鐵，但是身體很奧妙，一般人以為吃素的人，鐵質會缺乏，實際上身體會提升吸收鐵質的能力，所以只要吃得下，再搭配維生素 C 含量高的水果一起食用，身體就會獲取鐵質。

有些子女發現老人家貧血，常會購買含鐵的營養補充品，蘇筱媛營養師表示，貧血者不能亂補鐵劑。臨床上常見的貧血是上消化道出血造成，其次是造血功能不良，至於營養不良引起的貧血，則不常見，建議先讓醫生診斷貧血原因，不要盲目補鐵。

老人飲食三大關鍵
吃得下、吃得夠、吃得對

趙強營養師表示，老人飲食除了補充足夠的蛋白質、鈣、鐵以外，關鍵還是在吃得下、吃得對，只要老人家牙齒、腸胃功能不差，沒有限制食物的疾病，願意吃、想吃，就儘量讓他們食用，不要過度限制。

至於咀嚼、腸胃功能差的老人，需要透過改變烹調方式幫助進食。他常教導想吃肉，又咬不動的老人家，自行料理「細

碎肉羹」。首先，挑選肉質柔軟的梅花肉或後腿豬腱肉，請肉販攪打兩次成細末絞肉，再放入碗中攪拌成黏稠狀，視個人口味加上蔥薑蒜末，或搭配少許洋蔥，煮一小鍋水，慢慢用手撥成一小片（類似小肉羹）放入滾水中煮熟即可，由於沒有添加魚漿，所以肉質軟，好入口，好咀嚼。

蘇筱媛建議老人家可以吃些軟質食物，像滷板豆腐、蒸蛋、蒸魚，也能透過改變食物質地，將大塊豬肉、雞肉切成肉絲或絞成肉泥，搭配洋蔥丁或煮熟的胡蘿蔔丁，加醬油、蒜油、麻油提味，製成肉排或豆腐鑲絞肉球，便於咀嚼吞嚥。另外，透過長時間小火燉煮方式，讓肉質變軟，可幫助咀嚼及吞嚥。

食物的挑選也很重要，天然食物為主，初級加工食物為輔，譬如豆腐、豆花、優格；少碰過度添加、調味的食物，像罐頭、醬菜、燻肉、香腸等，但有些老人因味覺遲鈍，常覺得食物太淡，想吃重口味的鹹、辣食物，蘇筱媛建議加蔥、薑、蒜、九層塔、洋蔥、辣椒等辛香料提味，可以增加食慾。

如果是吃素的老人，趙強會推薦白豆包，質地比豆腐硬一點，可是有咀嚼感，加上不會搶味，可與菇類、洋蔥搭配煮成鹹粥，很適合老人食用。臨床上發現，有些家屬擔心吃過多豆製品易脹氣，會限制或禁止長者喝豆漿、吃豆製品，蘇筱媛提醒，對老人家飲食要鬆綁，長者吃得下，獲得足夠的蛋白質比

什麼都重要，況且擔心脹氣與實際脹氣是兩件事，不要混為一談，要分開處理。

適合高齡族的優質食物，這樣吃就對了

蔬菜類					
食物類別	食物名稱	蛋白質	鐵	鈣	推薦原因
葉菜類	菠菜、地瓜葉、空心菜、蘿蔔葉、莧菜、山芹菜、A菜、高麗菜		✔	✔	· 鐵、鈣含量豐富 · 維生素、礦物質、膳食纖維含量高 · 葉菜類質地青脆，可煮軟些，好咀嚼、吞嚥
海菜類	海帶芽、紫菜、髮菜	✔	✔	✔	· 蛋白質、鐵、鈣含量豐富 · 礦物質、膳食纖維含量高 · 質地滑潤，烹煮時需先剪成細小段，更易吞嚥
瓜果類	南瓜、地瓜			✔	· 鈣含量豐富 · 礦物質、膳食纖維含量高 · 質地細密，蒸、煮、炒軟後，容易吞嚥

豆魚肉蛋奶類					
食物類別	食物名稱	蛋白質	鐵	鈣	推薦原因
豆類	豆漿、板豆腐、雞蛋豆腐、豆干（滷豆干）、白豆包、百頁、豆花	✔		✔	· 蛋白質、鈣含量豐富 · 營養價值高 · 軟質食物，易咀嚼、吞嚥
魚貝類	蒸魚（鱈魚、鯛魚、鮭魚、草魚、吳郭魚、鯧魚）、煮海鮮湯（虱目魚、石斑魚、鱸魚、蝦、蛤蜊、蚵、透抽、魩仔魚、小魚乾、乾蝦仁等）	✔	✔	✔	· 蛋白質含量豐富 · 營養價值高 · 質地柔軟食物，好吞嚥 · 小魚乾、乾蝦仁鈣含量高，需泡軟後，再煮軟讓年長者食用
肉類	牛羊豬雞湯、碎肉羹、牛羊豬雞排、燉牛羊豬雞肉、製成水餃、牛豬漢堡、滷牛豬腱、炒肉絲、滷肉飯、涼拌雞絲等	✔	✔		· 蛋白質、鐵含量豐富 · 營養價值高
蛋類	蒸蛋、白煮蛋、蛋花湯、溏心蛋、煎荷包蛋、吻仔魚炒蛋、起司蛋、雞蛋布丁	✔			· 蛋白質含量豐富 · 營養價值高 · 質地柔軟，好吞嚥
奶類	牛奶、羊奶、奶粉、奶昔、優格、無糖起司	✔		✔	· 蛋白質、鈣含量豐富 · 營養價值高 · 質地柔軟，好吞嚥

堅果種子類					
食物類別	食物名稱	蛋白質	鐵	鈣	推薦原因
堅果	杏仁果、杏仁、腰果、核桃、松子	✔	✔	✔	・蛋白質、鐵、鈣含量豐富 ・礦物質、膳食纖維含量高 ・質地堅硬，可打成微細顆粒或泥狀，搭配牛奶、豆漿一起飲用
種子	芝麻、花生、蓮子	✔	✔	✔	・蛋白質、鐵、鈣含量豐富 ・礦物質、膳食纖維含量高 ・芝麻顆粒質地硬，可磨成粉狀灑食物上，或攪勻成芝麻泥當醬料 ・花生、蓮子可煮軟，製成湯品

資料來源／趙強營養師、蘇筱媛營養師，製表／梁雲芳

牙口不好的高齡族
外食怎麼挑選菜色

　　牙口不好、消化功能差的高齡外食族常不知如何挑選吃得下、吃得營養的餐食，若無暇料理，蘇筱媛營養師建議也可到自助餐採買適合的菜餚來食用，讓外食成為一種享受！

牙口不好的高齡者可挑選

- ✔ **豆腐鑲絞肉球**：豆腐質地軟、絞肉細緻，很好咀嚼，兩者皆是蛋白質含量豐富的食物。
- ✔ **蕃茄燴蛋**：蛋白質含量高的可口佳餚，紅黃搭配，視覺效果好，可刺激食慾。口感酸甜滑嫩，易吞嚥，若感覺番茄皮質較硬，可去皮食用。
- ✔ **蔥炒吻仔魚**：吻仔魚的鈣含量豐富，質地細膩，容易咀嚼，搭配青蔥拌炒，香氣四溢，可提高食慾。
- ✔ **清炒菠菜**：鐵、鈣、膳食纖維豐富的蔬菜，清炒後質地變軟，可以輕鬆入口。

消化功能差的高齡者可挑選

- ✔ **蒸多利魚**：蛋白質含量豐富，肉質柔軟、細膩又無刺，易入口及消化。
- ✔ **南瓜燴豆腐**：煮熟後的南瓜柔軟細密，加上豆腐軟嫩，易消化。
- ✔ **清炒紅莧菜**：鈣質、膳食纖維豐富的蔬菜，但莖較硬，儘量吃嫩葉。
- ✔ **芝麻拌海帶芽**：維生素、礦物質含量高的食物，海帶芽細嫩滑潤，可保護胃黏膜。

怎麼選對營養補充品？

　　藥局裡琳瑯滿目的保健食品，用途各不同，究竟步入中、老年後，該不該補充保健食品？專家指出，營養補充品是為了「補不足」，而不是為了治病，只要觀念正確，適當補充保健食品的確有益處，但該如何吃效用會更好？

　　失眠、關節痛、火燒心、健忘……這些隨著年紀陸續出現的惱人症狀，一點一滴地侵蝕掉對健康的自信，相信這是很多中高齡者共同的經驗。此時親友間互相傳說的保健食品就像「明牌」一樣，好像有挽救人生的效果。很多人家裡的保健食品甚至堆得像座小山，這麼多的瓶瓶罐罐，怎麼可能吃得完？究竟怎麼吃、吃什麼才能正確補到營養？

有「不適」要先就醫
切勿將保健食品當藥服

　　臺北醫學大學保健營養學系教授楊素卿指出，當有明顯「症狀」發生時，要先就醫找出病因，不要以為保健食品是萬能的

而盲目補充。譬如很多人膝蓋不適時，會服用軟骨素、葡萄糖胺、膠原蛋白或鈣片，吃了一陣子未見好轉，痛到不行而就醫才發現是關節腔狹窄、軟骨磨損等問題。像這類情況，不知原因就補充保健食品，反而會耽誤就醫黃金期！

楊素卿提醒，保健食品畢竟是「食品」，並非藥物，有不適症狀還是要先看醫生，在就診、治療之後，再以保健食品來輔助調理才是正確作法。

長期吃可改善體質
但「挑對」是關鍵

有些慢性病，像是腸胃功能不佳、免疫力不好等，除了就醫對症治療，還需要長期調養，只要不過度依賴，就適合以保健食品來改善健康。

楊素卿教授提醒，保健食品功效因人而異，不容易在短期內看到顯著的效果，民眾不宜抱持速效的錯誤期待；另一方面，調理體質也必須對自己的問題有深入了解，不太可能「一瓶改善所有問題」。

譬如「免疫力不佳」通常需要較長的時間調理，像是過敏、易感冒、易受感染等都屬於免疫問題。其中以「過敏」為例，要處理過敏往往需要搭配腸道功能調整、抗發炎、抗氧化、維生素 B 群等多種功能的產品，甚至必須加上運動及改善生活作

息，長期多管齊下才可能明顯改善。

如果民眾對於自己的體質及健康狀況理解不夠深入，就容易產生錯誤期待，以為產品無效，或者「年紀大了，身體本來就會越來越糟」。

此外，民眾選擇保健食品常未考量「自身的疾病」，聽說某樣東西好，就以為自己吃了也跟別人一樣有效，結果到最後沒有改善體質，反而加重病情。微笑藥師藥局廖偉呈藥師舉例，像是三高疾病的人，有許多服用保健食品的限制；或有免疫疾病、癌症的人，猛吃多醣體反而可能使免疫系統失衡。所以挑保健食品，不能只考慮產品功能、口碑、有效性，更要留意產品是否與自己的疾病有衝突。

依年齡挑階段性產品

50 ～ 65 歲退休前是一個健康總體檢的階段，如果過去生活習性不好，很多負面因子容易在此階段累積成病而爆發出來；然而，此時多數人還在職場上奮戰，常外食、應酬、工作壓力大，這些不良因子短期內難改變；所以，這十幾年間常處於「蠟燭兩頭燒」的情況，更是需要補充營養及維持健康生活型態的年齡層。

假如平時飲食均衡，不見得需要額外吃營養補充品；若平時飲食不均衡，則可先針對各階段的體質變化及容易產生的疾

病，補充保健食品。

50 歲前

葉黃素、鈣片為主
防癌、護心血管和保肝為輔

現代人文明病多，有些人 50 歲前健康就出問題。楊素卿教授引用研究報告指出，臺灣地區 45 ～ 64 歲致死率最高的疾病，以「癌症」、「心血管疾病」以及「肝病（慢性肝炎、肝硬化者）」為前三名，可用預防這三類疾病，作為選擇保健品的參考。

假如是正在進行治療的癌症患者，更應注意營養的補充，包括熱量、蛋白質以及維生素等都要充足。建議先以「營養均衡的飲食」來增強體力，若食慾很差，可考慮高蛋白或針對癌症病人的營養補充品。廖偉呈藥師補充說，每日可攝取（有效成分）約 1.5 公克的 Omega-3，對於癌友的健康也有幫助。

另外，廖偉呈藥師建議常用 3C 者，可盡早開始補充「葉黃素」來護眼，因為葉黃素就像是黃斑部的太陽眼鏡，可以減少藍光對黃斑部的傷害；若是長時間觀看 3C 引起眼睛酸澀，可選擇富含花青素的護眼配方，除了可以維護眼球的微細循環之外，更能調節眼睛睫狀肌的緊繃張力，改善因重度依賴 3C 產品而引起的眼睛疲勞。40 歲起，開始有骨質流失問題，可補充鈣片等強健骨質。

50 ～ 65 歲前

女性可考量緩解
更年期不適的保健品

　　此年齡層的人多數尚未退休，除了生活壓力大，生理機能也加速衰退中，而女性則容易發生更年期不適的症狀。

　　從預防的角度考量，楊素卿教授指出，根據調查，目前全球使用最多的保健食品，包括關節保養、更年期、腦力保健、心血管呵護等；而臺灣最常使用的保健食品則包括腸胃道保健、護肝、免疫調節、護眼、營養補充等。單一保健食品有時含有多種成分，建議有疾病、不適症狀者，特別像骨關節、心血管問題，請先就醫確認問題所在，才不會盲目服用，又延誤病情。

65 歲以上

可著重免疫力提升
但要留意藥物的交互作用

　　此階段的人多半已退休，工作壓力雖減小，但身體機能退化，包括腸胃功能、食慾都下降，容易導致營養失調；而有些人在病後、術後的營養需求也大量增加，所以這階段營養保健品的重要性就會提

升。

　　若想藉著保健品來維持健康，對於自己的體質必須有正確的認知，譬如先前提到的「想提升免疫力，要先考量自身疾病，再多管齊下調整」，若難以判斷，最好先諮詢藥師或營養師。

　　楊素卿教授建議此階段可針對營養補充、心血管保健、免疫力提升這三個方向來加強；並提醒此階段因服用藥物的頻率增加，請多留意藥物與保健食品是否有衝突。

　　另外，這階段的人常有黃斑部病變、乾眼症、老花眼等問題，廖偉呈藥師建議挑選「葉黃素＋魚油」配方，其中葉黃素可預防黃斑部病變，魚油可促進葉黃素吸收，且抗發炎。有乾眼症者，再搭配熱敷眼睛，可改善乾眼不適。

　　除了上述產品外，「安素」也是常見的營養補充品，可以「替代正餐」，且不限於病患使用。廖偉呈藥師強調，一罐安素的營養要當成「一份正餐」來看待，並不是補充越多，病就好得越快；倘若像糖尿病患在正餐之外又多喝安素，反而會造成負擔及危險，這點需要留意！

為何吃了銀杏，卻沒改善記憶力？

微笑藥師藥局廖偉呈藥師說，不少研究顯示，補充「銀杏」可以「提升大腦微細血管的血液循環」，並可「抗氧化」，因此被認定可「提升記憶力」；但是，並不是每個人都可以靠吃銀杏提升記憶力。

原來，影響記憶力的因素不只有血液循環，其他像神經傳導物質是否足夠，也會影響，如果是後者讓思考不順暢、記憶力不佳，吃銀杏幫助不大。另外，很多 70 歲以上長者的腦功能已經退化到某個程度，此時再吃銀杏，也可能無效。

廖偉呈藥師建議一般人若想保健大腦，50、60 歲就可以嘗試補充銀杏跟魚油，不須等到 70 歲。甚至有些族群可以從 40 歲開始吃銀杏，包括有糖尿病、抽菸、間歇性跛足、手腳易冰冷的人，這些人的血管末梢循環較差，適合長期保健。但若最近服用的藥物含有阿斯匹靈，就禁止服用銀杏，以免造成出血不止。

現在保健食品之所以熱門，是因為濃度高，對於缺乏大量營養的人來說，效果不錯；但楊素卿教授提醒，「真食物的營養」永遠比保健食品均衡，因為食物中還有許多營養成分是目前未知的，所以最好還是能直接吃美味的真食物，並且做到各大類均衡，才是根本之道。畢竟真食物的營養價值及品嘗時的美好感受，都不是瓶瓶罐罐可以取代的，提醒民眾，還是別對保健食品過度依賴！

預防骨鬆及肌少症

早一步發現骨鬆危機，
避免髖關節骨折要你命！

　　媒體曾報導，臺灣髖關節骨折率全亞洲第一，男性發生髖骨骨折一年內的死亡率高達22%，女性則為15%。為何會骨折？和骨本嚴重流失、肌力不足有密切關係，尤其邁入更年期的女性，骨本流失、骨質疏鬆的機率更高，到底該怎麼做，才能避免骨鬆及骨折的致命危機？

　　女性更年期後，一般鼓勵應努力維持骨密度和肌耐力，中華民國骨質疏鬆症學會理事長、現任長庚大學婦產科教授陳芳萍醫師表示，女性在一生中會面臨兩個骨鬆危機的高峰期。一是更年期之後雌激素減少，骨質必定流失，尤其在更年期前期會流失更為快速；到了60歲左右，流失速度就會趨於緩慢，等到65～70歲時又開始大量流失。

　　臺大醫院骨科部主任楊榮森也指出，美國骨質疏鬆症基金會（NOF）統計指出，美國每年因骨鬆而導致骨折的人口超過

150 萬人，除了比乳癌患者總數多之外，也比罹患心肌梗塞、中風、子宮癌或卵巢癌的病患多更多。

骨質疏鬆無症狀
死亡率高無人知

骨折發生率會隨著年紀越大而越高。楊榮森醫師表示，大部分民眾都知道癌症會致死，卻不知道髖關節骨折的死亡率也不可小覷。髖關節骨折一般都需要動手術，術後常會引起併發症，甚至死亡。男性髖骨骨折後，一年內的死亡率高達 22％，女性則為 15％。所幸，經過多年來努力，目前本國的髖部骨折死亡率已有下降趨勢。

陳芳萍醫師也指出，發生髖骨骨折一年內，大概有 20％的患者死亡，30％永久殘廢，50％無法獨立行走，80％日常生活中至少喪失一項獨立活動的能力（數字加總後超過 100，是因某些情況可能並存）。不但如此，髖骨骨折醫療費用也比其它骨折更高，每人一年的醫療花費甚至超過 500 萬元。髖骨骨折嚴重威脅生活品質，起因就是來自骨質疏鬆症。

為什麼會骨鬆？

楊榮森醫師表示，導致骨鬆的危險因子很多，以下是臨床統計的前 4 大導致骨鬆的因素：

1. 骨骼成熟後的最大骨總量較少

最大骨質總量與種族、性別、遺傳、運動量低及飲食攝取鈣或維生素 D3 不足有關。研究指出，女性、停經、有家族病史、白人及黃種人、身材瘦小者較易得骨鬆。

2. 骨質流失速度較快

骨骼成熟後，導致骨質加速流失的因子，除了上述的停經、飲食、運動習慣外，還包含抽菸、喝酒、喝咖啡、過度減肥，過量或過久服用特定藥物，如長期服用類固醇；或罹患其他疾病，如：代謝疾病、內分泌疾病、厭食症等，骨質都較易流失。

3. 高齡

骨質會隨年紀增加而流失越多骨量，所以活得越久，越有骨鬆問題。

4. 停經

女性越早停經，越易導致骨鬆。

維持理想骨密度
避免跌倒就能預防骨鬆

目前是用髖關節骨折比例來判定國民骨鬆的情況，陳芳萍醫師表示，雖然 2012 年媒體報導，髖關節骨折率臺灣是「亞洲第一」，但根據 2013 年臺灣發表的一項論文顯示，過去十年裡，預防骨鬆的宣導成效是十分顯著的。在健保照顧下，不但老年

人口的骨折住院率明顯減少，而且從 2006 年起，因髖關節骨折而死亡的機率，也從原本的 20％降到 13.9％，少了 6.1％！

楊榮森醫師提醒，男性也要注意雄激素流失的問題，因女性有明顯的更年期指標，且女性較重視健康，較懂得照顧自己，所以女性骨鬆受到比較多的注目和重視；相對的，男性常因自恃身強體健，悄悄成為被遺忘的「弱勢族群」，甚至問題嚴重性在全球都有被低估的情況，加上男性罹患骨鬆者有半數以上是續發型，亦即在罹患其他疾病後才造成骨鬆，這些都使男性髖關節骨折率不斷上升，且骨折死亡率普遍高於女性。

楊榮森醫師表示，充實及保養骨質必須從懷孕（胎兒時期即開始累積骨量）到老化，整個過程都注重養生，的確不容易做到。相對來說，只要每天按時補充鈣質、維他命 D3，每天曬太陽 10 ～ 15 分鐘，就能保持理想的骨質密度。就算先天條件不理想，只要避免跌倒，就能減少骨折機率。

「萬一不小心跌倒骨折，也要謹記 Stop At One ——跌倒止於一次」，要盡快改善家中照明或動線規畫，若有低血壓或眩暈問題，也要及早治療，以免 50 歲跌斷腕關節，60 歲跌斷脊椎骨，那麼 70 歲就極有可能跌斷髖關節了。」

是否罹患骨質疏鬆症
1分鐘填答問卷見真章

　　中華民國骨質疏鬆症學會理事長、現任長庚大學婦產科教授陳芳萍醫師和臺大醫院骨科部主任楊榮森醫師指出，除了在生活中應盡量避免致病因素外，為了幫助民眾了解是否有骨鬆前兆，甚至已罹患骨鬆，國際骨質疏鬆基金會（IOF）已協助臺灣訂定簡要的中文版「骨質疏鬆評估問卷」，只要1分鐘即可填完，男女均適用。若以下有任何一題答「是」，就可能罹患骨質疏鬆症，建議到專科門診進行更精密的檢查，或是進一步的治療。

骨質疏鬆評估問卷

	問題	是	否
	家族病史		
1.	父母曾被診斷有骨鬆或曾在輕微跌倒後骨折？		
2.	父母中一人有駝背狀況？		
	個人因素（屬於天生且不能改變的因子，為了掌握骨骼礦物質減少狀況，了解這些危險因子是重要的！）		
3.	實際年齡超過40歲？		
4.	成年後是否曾因摔倒而造成骨折？		
5.	是否經常摔倒（去年超過1次），或者因身體較虛弱而擔心摔倒？		
6.	您40歲後的身高是否減少超過3公分以上？		
7.	是否體重過輕？（BMI值少於19）【註1】		

問題		是	否
8.	是否曾服用類固醇藥片（例如可體松、強體松）連續超過 3 個月？ （可體松通常為治療氣喘、類風濕性關節炎以及某些發炎疾病）		
9.	是否患有類風濕性關節炎？		
10.	是否被診斷出有甲狀腺或副甲狀腺過高的狀況？		
生活型態	（您可藉由改變生活型態，減輕因飲食或生活型態而增加的危險因子）		
11	您是否每天飲用超過相當於兩小杯分量的酒？【註 2】		
12.	有長期吸菸習慣，或曾經吸菸？		
13.	每天運動量少於 30 分鐘？（包含做家事、走路、跑步等）		
14.	您是否避免食用乳製品又沒有服用鈣片？		
15.	您每天從事戶外活動時間是否少於 10 分鐘，又沒有服用維他命 D 補充劑？		
女性朋友請繼續回答以下問題：			
16.	您是否在 45 歲或以前便已停經？		
17.	除了懷孕、更年期或切除子宮後，您是否曾停經超過 12 個月？		
18.	您是否在 50 歲前切除卵巢，又沒有服用荷爾蒙補充劑？		
男性朋友請繼續回答以下問題：			
19.	是否曾因雄性激素過低而出現陽萎、失去性慾的症狀？		

資料來源／趙強營養師、蘇筱媛營養師，製表／梁雲芳

【註 1】BMI 計算方式＝體重（公斤）÷ 身高的平方（公尺 ^{2}）

【註 2】兩小杯分量的酒，約為 20 公克的酒精，相當於 500C.C. 啤酒（酒精濃度 4％）；160C.C. 紅酒（酒精濃度 12.5％）；50C.C. 烈酒（酒精濃度 40％）

遠離肌少症，6關鍵補足蛋白質

當你被醫師告知是肌少症的高危險群，蛋白質的攝取就格外重要！怎麼知道飲食是否符合營養師建議的蛋白質總量？假如吃不夠，可以另外補充高蛋白的營養補充品嗎？

案例

75歲的鄭老師是朋友眼中的養生模範，飲食少肉、多蔬果，常走路及做甩手運動活絡筋骨，沒有慢性病，BMI值22很正常。最近他體重減輕，原本58公斤，瘦了5公斤，且手腳無力，給醫師檢查後，發現是長期營養不均衡，有肌少症疑慮，鄭老師聽了十分吃驚。醫師建議，除了繼續運動，必須增加熱量攝取，提高蛋白質分量，才能幫助肌肉生成。

過去認為，有油花的肉類等高油脂食物是誘發三高主要原因，為了追求健康，不少60、70歲以上的老人家刻意不吃動物性食物，奶蛋也吃得很少，常是白飯搭配一、兩樣蔬菜；然而，蛋、魚、肉、奶是優質蛋白質來源，具有修復身體組織及維持

肌肉量的作用，長期缺乏，肌肉容易流失，傷口難以癒合外，還可能出現水腫、身體虛弱等症狀。如果熱量又攝取不足，肌肉很容易被迫當作熱量來源被分解掉，使得肌肉質量變少，致使全身機能變差。

避免肌少症找上門，一定要重視飲食中蛋白質的「量」與「質」，再透過以下關鍵補充法，才能幫助肌肉生成及增加肌肉質量。

關鍵 1

每天蛋白質總量要充足

每天要吃多少蛋白質，總量才會充足，避免肌肉流失？臺北醫學大學附設醫院營養室主任蘇秀悅表示，一般正常人的建議量是每公斤體重吃 0.8 ～ 1 公克蛋白質，一名 60 公斤的成人每天需攝取 48 ～ 60 公克。但臨床上發現很多生病的老人，一天無法吃到這個分量，所以如果發現一位 60 公斤的老人，三個月減輕 5%（3 公斤）或六個月降了 10%（6 公斤），就代表熱量、蛋白質攝取不足。

若要避免肌肉流失，每公斤體重建議可吃 1.2 公克蛋白質，總量約 72 公克；若有肌少症，每公斤體重甚至要提高至 1.5 克蛋白質，總量約 90 公克。

一般正常人每天蛋白質總量計算公式

每公斤體重 0.8～1 公克

範例》體重 60 公斤，每天蛋白質需求總量＝

60 公斤 ×0.8～1 公克＝48～60 公克蛋白質

肌少症每天蛋白質總量計算公式

每公斤體重 1.2～1.5 公克

範例》體重 60 公斤，每天蛋白質需求總量＝

60 公斤 ×1.2～1.5 公克＝72～90 公克蛋白質

關鍵 2

吃對含豐富蛋白質的食物

　　許多食物都含有蛋白質，所占比例不盡相同，究竟哪些食物蛋白質含量豐富（胺基酸完整）？馬偕紀念醫院醫學中心營養課營養師趙強解釋，六大類食物中，豆魚蛋肉與奶類食物的蛋白質含量豐富，有人體無法自行製造的完整必需胺基酸，是身體組織需要的良好建材，被身體吸收利用的效率很高。

　　最新評估蛋白質含量的方法是「蛋白質消化率校正之胺基酸分數（PDCAAS）」，是從人體消化、吸收率對不同的蛋白質食物進行的分析，1 分為滿分，0 分為最低分，其中的牛奶、奶製品、豆類、豆製品、雞蛋、魚、豬肉、牛肉、羊肉食物都

是優質蛋白質，挑選這類蛋白質豐富的食物，可以充分獲取蛋白質。

魚肉蛋是動物性蛋白質，不適合素食者食用，但大豆、核果及種子、穀物（米、麥）類是植物性蛋白質，可提供素食者

注意！蔬果所含的植物性蛋白
不能成為蛋白質主要來源

網路媒體流傳「7 種蔬菜蛋白質含量豐富」，致使不少茹素者誤以為多吃綠花椰菜、馬鈴薯等蔬菜就可以補充完整蛋白質，這錯誤的觀念必須被澄清。

建議以「豆魚肉蛋類」作為蛋白質來源，是因為每份豆魚肉蛋類食物含有 7 公克蛋白質，雖然堅果、蔬菜、水果含有植物性蛋白質，但含量很低，每份只含 1 ～ 1.5 公克，不能成為蛋白質主要來源。

原先提供「7 種蔬菜蛋白質含量豐富」訊息的營養師艾蜜莉 · 吉伯特（Emily Gilbert）也做出了提醒，「植物蛋白質是不完整蛋白質，記得要搭配黃豆、全穀物食用，以確保攝取到足夠的必需胺基酸」。

臺北醫學大學附設醫院營養室主任蘇秀悅強調，蔬菜、水果類主要提供膳食纖維、維生素、礦物質、植化素等營養成分，不建議將其作為蛋白質食物來源。

做為蛋白質來源，尤其是大豆及其製品胺基酸完整，且含有離胺酸及支鏈胺基酸，算是優良蛋白質。

蘇秀悅主任表示，大豆雖缺乏人體必需胺基酸——甲硫胺酸，但可與穀類搭配，利用「吃飯配豆」的「胺基酸互補」吃法，一樣可以獲得完整胺基酸，不過每份穀類蛋白質含量 2 ～ 4 公克，必需胺基酸不是很充足，不能單獨作為提供肌肉生長的蛋白質來源。

關鍵 3

肌少症者每 10 公斤體重
需要 1.2 ～ 1.5 份蛋白質

每天蛋白質攝取總量可以用公式計算出來，可是怎麼知道吃進去的蛋白質食物符合總量？由前述的計算公式得知，如果體重 60 公斤，有肌少症跡象，每天要補充 72 ～ 90 公克蛋白質。但由於一般人並不清楚每種食物含有多少克蛋白質，所以，趙強營養師提供簡易計算法，有肌少症的人可用「每 10 公斤體重需要 1.2 ～ 1.5 份蛋白質食物」來估算。

其實，並非所有蛋白質都來自豆、魚、蛋、肉、乳品類食物，全穀根莖雜糧、蔬菜、種子堅果等也含有蛋白質，若用營養學上，「一份蛋白質類食物」是指蛋白質含量 7 公克的食物，將前面計算的肌少症者每天建議補充 72 ～ 90 公克蛋白質，直接除以 7，

這計算出的每日總蛋白質量可能會過量。故營養界整體考量後，以每 10 公斤體重做單位，來建議蛋白質類食物的分量。

肌少症者用「每 10 公斤體重，需要 1.2 ～ 1.5 份蛋白質食物」來估算，並平均分配在 3 餐中，一餐約要吃 3 ～ 4 份蛋白質類食物，每天只要份數對了，就不用擔心蛋白質缺乏。

如何選購「一份蛋白質含量為 7 公克的食物」？趙強營養師提供幾項快速辨認法：

新鮮魚、肉類

一份 7 公克蛋白質食物＝新鮮魚、肉類約食指、中指、無名指三指合併的大小（約 35 公克）＝ 35 公克豬里肌＝ 35 公克去皮雞胸肉＝ 35 公克羊肉＝ 35 公克豬小排＝ 35 公克虱目魚＝ 35 公克鯛魚排＝ 8 隻剝殼蝦仁＝ 1/2 隻去皮棒棒腿肉

小提醒》一份新鮮魚、肉類蛋白質，可用一兩換算。

到市場買生肉，不容易買到三隻手指頭的魚、肉類，蘇秀悅主任建議可以用台兩（37.5 公克）來計算，一台斤十六兩，半斤八兩，切成十六片或八片，每一片就是一兩，一兩生肉，約含一份 7 公克蛋白質。若是到市場買肉，可以請肉販老闆協助切成一兩肉；到超市挑肉，採用公克或公斤標示，可以自行換算，350 公克的肉約等於 10 份肉類，以每餐吃 2 份肉類的建議量，則應將 350 公克肉分為 5 餐來吃。

煮熟肉、魚類

一份 7 公克蛋白質食物＝ 2 平湯匙煮熟肉或魚的量

小提醒》湯匙種類繁多，需使用傳統的瓷湯匙（每匙相當於 15cc）來計算分量。

黃豆製品、蛋類食物

一份 7 公克蛋白質食物＝ 1 塊四小格板豆腐＝半盒火鍋豆腐＝ 2 片豆干＝ 2 個大三角油豆腐＝ 1/2 片白豆包＝ 1/3 條素雞＝ 1 顆雞蛋＝ 2 顆雞蛋白＝市售 260c.c. 無糖豆漿

小提醒》豆製品、蛋類食物，使用個數、塊數或片數計算最簡單。

黃豆、毛豆

一份 7 公克蛋白質食物＝ 1/3 飯碗的毛豆＝ 1/3 飯碗的熟黃豆

市售奶類

一份 8 公克蛋白質食物＝ 240ml 低脂鮮奶＝ 240ml 脫脂鮮奶

小提醒》一份奶類含有 8 公克蛋白質，可直接看營養標示的規格含量，最快速也最簡單。

　　每餐約需吃＝一份 7 公克蛋白質食物 3 ～ 4 份，也就是每餐可從上述建議，選 3 ～ 4 種來吃。

超商、超市熟食製品

　　便利超商或超市提供各種即食品或熟食，如牛奶花生、原

味低糖優格、御飯糰、便當、蒸蛋等，學會看營養標示，就可以看出蛋白質克數，做為每份蛋白質參考。例如：一罐牛奶花生淨重 340 公克，每 100 公克產品含有熱量 109 大卡、蛋白質 3.6 公克，用計算機算一算，就可算出喝下這罐牛奶花生以後，實際的熱量、蛋白質有多少？熱量應該為 370.6 大卡（109×3.4）、蛋白質應是 12.24 公克（3.6×3.4）。

關鍵 4

採用易吞嚥、好消化的烹調法

正常人吃一大塊紅燒肉或一顆煎荷包蛋沒有太大問題，但肌少症患者咀嚼及吞嚥功能多半衰退，可能不容易食用，需提供容易吞嚥及好消化的蛋白質食物。蘇秀悅建議挑選質地軟嫩的魚、里肌肉、蛋、豆腐等食物，以燉煮方式烹調成柔軟、易咀嚼的形式，或調製成半流質或流質形式，如清蒸鱈魚、芋頭牛肉粥、豆腐鑲肉，或玉米雞丁濃湯、馬鈴薯雞肉泥；也可以準備剪刀，或用刀叉切成一口食用的大小，減少撕咬的動作，來增加進食的樂趣。

關鍵 5

聰明搭配蛋白質營養品

營養諮詢門診中，趙強常會遇到吃得下稀飯、醬菜，卻不

想吃魚、肉、蛋的患者或家屬，詢問可不可以補充高蛋白營養品？他分享兩個觀念，第一個觀念是，熱量是維持體重的營養成分，一定要充分攝取，不可以太低，每餐仍要吃飯、麵等主食；第二個觀念是，蛋白質是維持生理機能的營養素，份數要足夠，可以分散在三餐中補充，白飯配滷牛腱、鮪魚泥壽司配味噌湯、稀飯配肉鬆都是補充方法。

如果蛋白質吃得不夠，或擔心蛋白質不好吸收，可在早餐之後或午茶點心時間，補充熱量足夠、容易吸收含有蛋白質的均衡營養品，<u>但不建議單獨補充蛋白質比例高的高蛋白質營養補充品（例如：乳清蛋白、胺基酸補充品）。趙強營養師解釋，不能只追求蛋白質的補充，必須顧及均衡飲食概念，熱量、維生素、礦物質的分量都必須足夠。</u>

關鍵 6

運動＋曬太陽，幫助長肌肉

補足蛋白質可以維持生理機能，但會不會長肌肉，趙強呼籲，需要靠運動鍛鍊及曬太陽相輔相成，才能刺激蛋白質合成，發揮長肌肉的效益，慢慢回復起身、走路、爬樓梯等自理生活的功能。

Lesson 10

注意血壓．預防中風

降血壓藥的疑問

降血壓藥不能輕易吃，一吃就要吃一輩子？血壓降下來就可以自行停藥，以免造成腎臟負擔？9個常見的高血壓用藥問題，一次給你正確解答！

高血壓被稱為「沉默的殺手」或「隱形的殺手」，可見它對健康的危害非同小可。振興醫院心臟血管內科主治醫師張鴻猷表示，高血壓初期徵兆不明顯，一般常見的包括頭痛、倦怠或肩頸痠痛等，並非特殊症狀，很容易讓人忽略，若不量血壓，不會發現自己健康出了狀況。

而上了年紀，血壓問題，就醫後常需要服用降血壓藥物，因為可讓過高的血壓降低到正常範圍，同時減少身體的不適及傷害器官的可能性，但新聞不時爆出用藥問題，甚至有不少長輩排斥用藥，到底降血壓藥該怎麼吃？振興醫院心臟血管內科主治醫師張鴻猷、臺北市立萬芳醫院家醫科主治醫師陳柏臣、臺北榮民總醫院教學研究部主任林幸榮教授、臺大醫院內科醫

師林彥宏為大家破解用藥迷思！

Q1 只要吃降血壓藥就要吃一輩子？

正解》不一定，部分可靠運動來改善。

90％的高血壓患者屬於「原發性」，這種類型的病患沒有特定可治療因子，因此需要長期服藥來控制血壓。不過，這些病患若不是血壓真的非常高，還是可以藉由運動、飲食及良好的生活習慣來改善，如果效果不錯，很有可能不用服藥也能將血壓控制在理想範圍。但如果是血壓太高的患者，或者不節制飲食、不運動、經常熬夜的人，大概就需要一輩子都靠藥物來控制血壓。

此外，約 10％的高血壓患者是因為特定疾病所造成的，稱為「續發性高血壓」，這種類型的高血壓可能是因為內分泌、腫瘤及血管等疾病所引起的，只要原本的病因治癒，血壓可能也會恢復正常，也可能不用繼續服用降血壓藥物。

Q2 血壓不高就不需吃藥不然血壓會愈降愈低？

正解》錯！需規律服藥，驟然停藥可能發生危險。

降血壓藥一定要持續、規律的服用，藥效才會穩定，如果

因為血壓暫時降下來就停止服藥，不但會增加醫師調整藥物的難度，也可能讓血壓起伏更大，反而容易引發不舒服或其它副作用。此外，目前降血壓藥都屬於長效型，若當天沒服藥但血壓數值卻正常，很有可能是前二天的藥效還在發揮作用，若誤以為自己身體狀況好轉而驟然停藥，很有可能發生危險。

Q3 血壓降下來就可停藥 西藥吃多，身體會壞掉？

正解》錯！等到腎臟功能衰弱再來服藥，腎臟反而無法負荷。

很多人會有長期吃降血壓藥可能造成腎臟損傷的迷思，其實事實正好相反；因為不遵照醫囑服藥，血壓就不能獲得良好的控制，如果長期讓血壓處於太過偏高的狀態，反而容易讓腎臟受到損傷。一般人之所以會有血壓藥造成身體受損的印象，是因為很多病患之前沒有好好控制血壓，等到腎臟功能減弱，才來就醫、服藥，最後又怪罪降血壓藥讓腎臟受損，其實是錯誤的觀念。

Q4 血壓現在飆到 180/100mmHg 快吃降血壓藥以免中風？

正解》應盡快降下血壓，但第一次發生應盡快到院就診。

血壓飆高到 180/100mmHg，已經有讓身體器官受損的風

險，的確應該盡快降下來，否則有可能造成中風及急性心衰竭等狀況。若第一次發生血壓飆到 180/100mmHg，應該盡快到醫院就診、尋求醫師的協助；若已經是長期的高血壓病患，血壓常常忽高忽低、不穩定，應該在看診時跟醫師討論，詢問是否多開一顆短效藥物，以因應血壓臨時飆高的情形。

Q5 服用降血壓藥的種類愈少愈好？

正解》服用藥物種類愈少，可能表示血壓控制情況較佳。

高血壓第一期時（收縮壓 140 ～ 160mmHg 及／或舒張壓 90 ～ 100mmHg），醫師一開始通常會開 1 種降血壓藥物，而高血壓第二期時（收縮壓 > 160mmHg 及／或舒張壓 > 100mmHg）則是開 2 種藥物，之後再視病患狀況調整。

病患服用降血壓藥物種類愈少，有可能表示血壓數值愈低、情況愈好。當然，如果能夠靠生活及飲食習慣來維持血壓低於 120/80mmHg，完全不用吃藥，是最理想的狀態。

Q6 服用感冒藥、高血壓藥時應相隔 2 小時後再吃？

正解》正確，避免影響藥效。

感冒時血壓可能會較不穩定，加上某些感冒藥中可能含有

影響血壓的成分，因此間隔 2 小時再吃是合理的作法，但切勿自作主張停止服用降血壓藥，否則反而容易讓血壓飆高。感冒時，最好告訴醫師或藥師你正在服用降血壓藥，並且諮詢有關藥物並用的方法。

Q7 服用降血壓藥物 什麼時機最好？

正解》視個人情況而定。

刊登在美國《國際時間生物學》期刊的一項大型研究發現，若將降血壓藥改為睡前服用，可讓睡眠時的血壓平穩，長期而言還能有效降低心肌梗塞、中風等心血管疾病，但是各類降血壓藥物的藥效長短不一，降壓效果有別，很難適用在每一個高血壓患者身上。

每一個高血壓病患的血壓狀況不盡相同，所以要視全天 24 小時血壓高低變化的情況用藥，有人適合睡前服用，有人卻適合白天服用，但最好每天固定時間服用，若有不適症狀時，需與醫師討論調整用藥時機。

Q8 降血壓藥 分哪幾種？

正解》共分 7 大類。

　　一般使用的降血壓藥物有七大類，包括 A、B、C、D、甲型交感神經接受體阻斷劑、直接血管擴張劑、直接腎素抑制劑等，醫師用藥選擇會依據病患個人的狀況及需要做決定，包括年齡、血壓升高的程度、是否合併其他疾病、是否懷孕等做考量。

❶ A 類：例如血管收縮（張力）素轉換酵素抑制劑（ACEI）及血管張力素接受器阻斷劑（ARB），兩者作用類似，都可使血管擴張，減少體內鈉的滯留，以達到降壓效果。

❷ B 類：例如乙型（Beta）交感神經受體阻斷劑，可使心跳變慢及降低心臟輸出量，以降低血壓，也有消除焦慮作用。

❸ C 類：例如鈣離子管道阻斷劑（CCB），可抑制鈣離子內流至血管平滑肌細胞，能擴張血管、降低周邊血管阻力，達到降壓效果。

❹ D 類：例如利尿劑，可增加尿中鈉離子及水分排出，達到降低血壓效用。

❺ 甲型交感神經接受體阻斷劑：主要是阻斷甲型交感神經作用，產生血管擴張，降低全身血管阻力，達到降壓效果。

❻ 直接血管擴張劑：可直接使血管擴張，達到降血壓作用。

❼ 直接腎素抑制劑：抑制腎素作用，減少血管收縮素產生，藉由抑制血管收縮，達到降血壓作用。

Q9 按時服藥
血壓為什麼降不下來？

正解》5 大原因造成。

　　根據國健署統計，服了降血壓藥物，血壓還是降不下來，通常可歸為 5 大原因，病患及家屬可自行檢視要再加強哪些項目，以尋求更好的降血壓方法。

1. 病患不依規定治療

☐ 不依醫囑按時服藥

☐ 不定期回診

☐ 自行停藥

2. 與藥物有關的原因

☐ 劑量太低

☐ 合併用藥不恰當

☐ 藥物效用太短

☐ 因其他藥物的影響（包含抗交感神經藥物、抗憂鬱藥物、腎上腺皮質類固醇藥物、非類固醇抗發炎藥物、鼻黏膜消腫藥物、口服避孕藥物、古柯鹼、紅血球生成素、環孢靈素及可嚼菸草等）

3. 與續發性高血壓有關的原因

☐ 腎臟功能不全

☐ 腎臟血管性高血壓

☐ 嗜鉻細胞瘤

☐ 原發性醛類脂醇症

4. 體液過量的原因

☐ 使用的利尿劑劑量不足

☐ 鈉鹽攝取量過高

☐ 腎臟功能衰弱的損害

5. 其他

☐ 過於肥胖

☐ 每一天飲酒量超過 30 cc 酒精含量

☐ 氣候、溫度

當心 7 大中風危險因子

據統計，全球每 6 個人中就有 1 人面臨中風威脅，中風也高居國人十大死因第三名。不想中風後，肢體偏癱、行動困難才來懊悔，對於中風的 7 大危險因子，都要保持警覺！

時序由秋入冬，天氣逐漸轉涼，早晚溫差變大，正是中風的好發季節，造成中風的原因很多，其中，人體血管的健康程度，與中風的發生率有密切關係；而血管的健康，又與飲食及生活習慣息息相關。醫師與營養師提醒民眾，別以為中風是中老年人的專利，養成正確的飲食習慣與生活作息，才能避免血管急遽老化，降低中風危機。

根據衛生福利部公布最新年度國人十大死因，除了癌症仍高居榜首外，腦血管疾病是國人十大死因第 3 名，僅次於癌症與心臟疾病，對國人造成的生命威脅，亟需重視。

振興醫院神經內科中風中心主任醫師尹居浩表示，世界中風組織（World Stroke Organization）曾提相關數據指出，全球

每 6 個人當中，就有 1 人在一生裡，會面臨中風的危機；而他也引用衛福部 2009 年統計的數字表示，臺灣 25 歲以上的成年人中，有 1.4％的比率，曾有過中風病史，值得注意。

血流受阻釀中風
55 歲後中風機率呈倍數成長

所謂中風，是指腦部血管因突如其來的阻塞或破裂，導致供應腦部氧氣的需求受到影響，使大腦部分區域功能喪失。尹居浩主任提到，中風的類型可簡單區分為 2 大類：

1. 缺血性腦中風

八成國人的腦中風屬於此類，是血管中的粥狀硬化斑塊增厚逐漸堵塞血管，或沾黏於斑塊上的血塊被血流沖落，形成栓子，順著血管流向腦部導致血流受阻。心律不整或心臟瓣膜疾病也會形成血栓，阻塞血管。

2. 出血性腦中風

二成國人的腦中風屬於此類，是血管破裂，導致血塊壓迫腦組織。

腦中風的好發族群，通常以 55 歲以上的中老年族群為主；一旦中風後，可能造成行動、認知、語言、吞嚥等功能喪失，只有 1/3 患者能順利靠藥物治療與復健，恢復到與正常人一樣的生活水準。尹居浩主任指出，以 55 歲為年齡基準來統計，可

發現 65 歲以上長者的中風機率，是 55 歲的 2 倍；75 歲以上則是 55 歲的 4 倍；85 歲更拉高至 8 倍，呈倍數成長的趨勢。

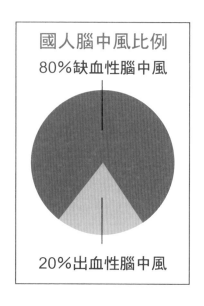

國人腦中風比例
80%缺血性腦中風
20%出血性腦中風

肥胖＋不良生活習慣
血管硬化及中風危險因子

為什麼看似柔軟且富有彈性的血管，會阻塞或破裂導致中風上身？尹居浩主任與臺北醫學大學保健營養學系副教授簡怡雯都提到，撇除家族遺傳因素，包括老化、肥胖、不良飲食與生活習慣，都易讓血管發炎、血管壁增厚、變硬，加速血管出現「粥狀硬化」，若又長期忽視血管硬化帶來的不適警訊，一旦中風，就易造成神經功能缺損。容易造成中風的因子如下，最好及早預防：

危險因子 1》年齡增加

常發生在年紀 55 歲以上的中高齡民眾，年紀大的長者，受到老化與其他疾病影響，或多或少已出現血管硬化問題。

危險因子 2》三高

高血壓是導致腦中風最危險、最關鍵的原因之一。若血壓

控制不當，腦血管受不了突然上升的血壓，就可能使血管破裂，出現「出血性腦中風」；而高血壓、高血糖與高血脂，也會加速血管阻塞與硬化，產生栓塞及中風問題。

危險因子3》飲食過油過鹹

過量攝取豬、牛、羊等紅肉與動物內臟等動物性脂肪，或是炸物、冰淇淋等含反式脂肪與飽和性脂肪的食物，當過多脂肪沉積血管壁，就像水管內卡滿髒污與泥巴，易使血管出現「粥狀硬化」，提高中風危機。過鹹的飲食會增加體內的「鈉」含量，引發血管硬化並惡化高血壓。

危險因子4》肥胖與運動不足

除了會使新陳代謝產生障礙，也很容易併發高血壓、高血脂與糖尿病等「三高」問題，也會增加罹患中風的機率。

危險因子5》生活壓力大與作息不正常

即使是年紀輕的學生與上班族，面對課業與工作壓力，若身體長期處於高度緊張與疲憊下，加上過度熬夜等不正常生活作息，也易增加中風機率。

危險因子6》抽菸與過度飲酒

菸品中的尼古丁與焦油等成分，對維持血管健康不利。統計發現，吸菸與不吸菸者相比，腦中風機率高出2倍，而過度

飲酒，同樣不利血管健康。建議成年男性，一天攝取紅酒不超過 250cc、威士忌不超過 60cc；而成年女性一天攝取紅酒不超過 125cc、威士忌不超過 30cc 為佳。

危險因子 7》寒冷與溫差變化大

冬天是中風的好發季節，一方面是天氣寒冷時，人的血壓容易升高；加上天冷血管易收縮，很容易因溫差變化，造成血管阻塞或破裂出血，導致中風危機。

尹居浩主任提醒，上述促使血管硬化的危險因子中，只要符合 2 種以上，就算是中風的高危險族群。不論是哪個年齡層的人，都應在飲食、生活習慣上多注意，才能遠離中風危機。

中風死亡風險女＞男
女性更要防中風上身

世界中風組織（WSO）統計全球數據發現，比起男性，女性更要小心中風帶來的生命威脅；更有報導指出，婦女停經後，少了荷爾蒙保護，中風危機大幅提高。對此，尹居浩主任澄清，國外臨床研究發現，本來就有血管硬化問題的停經婦女，若想靠補充荷爾蒙改善，「反而適得其反，會更容易造成血管硬化」。他建議有三高問題的年長婦女，除了耐心接受治療，不亂停藥；遵守低油低鹽高纖飲食、養成規律運動與作息，才是真正遠離中風威脅的根本之道。

尹居浩主任根據臨床觀察指出，<u>臺灣整體的中風發病率是</u>
<u>男大於女；但中風導致的死亡率，則女多於男</u>。為何有此現象？
他進一步解釋，<u>多數女性在家中扮演「照護者」的角色，對自</u>
<u>身健康危機感不高，容易忽視三高、中風等潛在疾病；加上若</u>
<u>曾罹患過子癲前症（俗稱妊娠高血壓）、妊娠毒血症等疾病，</u>
<u>日後罹患高血壓機率高，中風的風險相對增加</u>。

　　另外，紅斑性狼瘡、類風溼性關節炎的過敏免疫類疾病，
以及先兆性偏頭痛的女性患者，也要當心疾病衍生的「共病性」
問題，這些都是釀成中風的危險因子。

「按摩血管」無助血管回春
還可能導致中風

　　血管硬化是導致中風最直接的原因，坊間有書籍推薦「血
管按摩」，號稱能讓血液循環變順暢，讓血管藉此「回春」，
擺脫中風威脅。對此，尹居浩主任提醒，改善血管硬化問題，
除了耐心治療，還必須靠改善飲食與持續運動，過度或錯誤的
按摩，不但無助血液循環，還可能導致血管中的粥狀硬化斑塊
或血管內壁剝離，順著血流堵塞住血管，弄巧成拙變中風。

　　適度、正確的按摩，有助肌肉放鬆，達到舒緩效果，但尹
居浩主任提醒，血管是很脆弱敏感的，尤其是上了年紀，<u>有心</u>
<u>血管疾病的長輩，想要改善病情，單靠「血管按摩」、「血管操」</u>

有其風險。

很多長輩喜歡在洗頭或做三溫暖時，接受頸部按摩服務，大力扳動頸部，揉捏頸動脈等處血管，「這樣的動作看似舒服，能促進血液循環，其實很可能造成血管壁上的膽固醇斑塊掉落，或是血管內壁因大力捏壓剝離」，小小動作反而隱藏致命的中風危機。

想要遠離血管硬化帶來的中風威脅，尹居浩主任與簡怡雯副教授都提醒，控制血壓、血糖與血脂肪數值，有三高問題者不隨意停藥；以低油、低鹽、高纖的清淡飲食取代大魚大肉；並養成慢跑、快走、游泳、打太極拳等有氧運動習慣，可增加身體的代謝率，提高有助血管健康的高密度膽固醇，降低會傷害血管的低密度膽固醇，這才是讓血管真正回春、不硬化的根本之道。

Lesson 11
共居與長照

從「共居」開始創新安老

　　歐洲的丹麥、瑞典、荷蘭為了幫職業婦女分攤育兒工作，發展出一套好朋友一起住的生活模式。而現在，因應高齡社會來臨，長者也可以住在一起、共同找看護，國外的共居住宅吹來亞洲，不論是青銀共居，還是共住社區，讓房客保有個人隱私，又享有群聚、不孤單的生活空間，成為新時代的住宅新選擇。

　　荷蘭一間成立超過 57 年的銀髮機構，在 2013 年推動世代間友善混齡居住，也就是「青銀共居」的新模式！這樣的發展，不僅促進了機構內的長輩另一種社會互動，也緩解了年輕學子租屋的壓力。在青銀共居的住宅裡，長輩會分享經驗給年輕人，偶爾幫忙料理三餐，大家聚在一起吃飯、看電視，有時說說笑話；同時，也能透過這些大學生在學校的見聞掌握社會的脈動，了解現在年輕人在流行什麼，不至於和社會脫節太多。

老人要主動和社會連結

　　揚生慈善基金會執行長許華倚發現，老人不太容易結交新

朋友，退休後若沒有刻意和朋友聯絡，老伴又走了，人際就會逐漸孤立。但如果獨居者願意參與一些相對安全的社團，藉活動促進彼此正向交流，就比較願意打招呼聊天，下課後互相加 Line 成立群組，相約吃飯維繫彼此的情誼。

許華倚說，很多獨居長輩剛到揚生社區客廳時，顯得老態龍鍾、兩眼無神，一旦他們願意參與活動，八周之後臉上開始有了笑容，個性變柔軟了，看人的眼神也不一樣了，整個人明顯變年輕許多，反應也愈來愈快。

中山醫學大學醫學社會暨社會工作學系助理教授，同時身兼中華民國家庭照顧者關懷總會（家總）理事長的郭慈安說，目前臺灣每 7 位國民中就有 1 人是老人，國內約有超過 320 萬名老人，從 65 歲到 95 歲，健康差異很大。其中，真正需要長照幫助的失智失能者約 56 萬人，這些人中有 28 萬人聘有外籍監護工，所以真正的長照照顧人力缺口至少還需要一倍，28 萬人左右。無論如何，隨著年紀漸長，老人（特別是獨居者）最終還是需要有人陪伴和照顧，這時由誰來統籌照護系統就變得很重要。

郭慈安說，老人一定要改掉喜歡獨來獨往的個性，更要認同「人際關係很重要」，「宅男固然很危險，但宅老人更危險。」從心理學來說，一旦覺察未來一定需要別人幫助走完最後一程，

就會趁早交朋友。

當獨居長者開始退化
最好有人幫助其學習應變之道

令人難過的是，不論日本或臺灣，「孤獨死」的案例仍時有所聞。媒體描述日本一年有五萬例孤獨死事件，並預測未來每年有 28 萬例不知死於何時何處，聽起來不但嚇人，所傳達的訊息也很負向，但這種悲觀的說法，對提醒老人未必有效。

那該怎麼改變？郭慈安說，家庭照顧者關懷總會希望在長照 2.0 版推動後，和老人一起想想未來如何安老？如何死得其所？尤其當醫院已無法負荷大量湧入的疾病老人，好的安養機構可能得排隊長達 5 年以上，獨居者在家養老及死亡都要預先安排。日本有所謂「死亡公司」，和獨居老人一起計畫如何走到最後，尤其當老人開始有慢性病，日漸衰弱卻不會馬上有生命危險，就要預先計畫跌倒了爬不起來時該如何求助。

也就是說，獨居老人的社會安全網要能發揮功效，必須始於獨居長者開始退化，又想在地老化的時候，就要形成個案管理，並有人統籌追蹤執行。這整個過程，不光是錢的問題，也不光是「多運動＋多勞動＋多腦動＋多互動＋吃對三餐」的事，必須有人從旁幫助老人覺察，接著提供專業知識，有人陪伴他消化這些知識，接著安排、規畫老年生活，然後行動。

不是親人也能共住共生

舉例來說，老化過程長達 20 ～ 30 年，首先要考慮住的問題，考量到住宅的設計能否隨著身體的老後變化而變動，如果不想獨居，要想有沒有可能和其他人共住、共生或共老。以收費平價的公立老人公寓而言，臺北市就有 4 個（陽明老人公寓、朱崙老人公寓、中山老人住宅、大龍老人住宅）、新北市有五股老人公寓、高雄市有崧鶴樓、仁愛之家，是否還有名額，可進一步詢問當地縣市政府社會局。

目前美國、日本很鼓勵老人和年輕人共住共生，年輕人買不起房子，老人可以把多餘的房間租給年輕夫妻。郭慈安在美國教過一群小兒麻痺的學員，其中 4 人年近 60 歲時，開始討論誰的房子最適合住到最後，接著把另一人的房子租出去，再以收入聘請一個人來照顧他們，之後進行法律公證，把財產規畫合理分配運用，租金收入有開源，也有節流，共同支撐大家活到最後。

臺灣最近也在推動公共住宅，臺中某大學附近推動的共生社區，就是計畫社區中三分之一給年輕人住（附近大學生或第二代子女），三分之一租給老人，三分之一賣給老人，這一百戶的公寓提供一些公共空間，包括廚房、大廳可以共用，大學生若想打工，就幫老人做家事、購物或陪同就醫，健康老人則

可以煮東西給年輕人吃……類似的事業體在各縣市不斷研發推出，例如：聲寶企業在新北市板橋正規畫類似只租不賣的老人公寓。

郭慈安說，獨居的人最後一定要有人協助，尤其是獨居又失智的人，如果家人無法貼身照顧，老人雖然要盡量獨立，但不能自我感覺良好拒人於千里之外，應該互相照應、互拉一把，形成「關關相護，三五成群」的機制，才能讓老後的獨居生活有品質。

長輩交朋友
可從軟性話題開始

許華倚說，人際關係分對外和對內兩方面，兩者不可偏廢，都要用心經營。

年紀大交朋友不容易，一定要循序漸進，而且最好在自然而然的情況下，打開心房。可以參加社區的老人社團，玩桌遊、打麻將，說不定有機會碰到十年以上沒見面的小學同學、國中同學、老朋友、兒時鄰居、老長官……

長輩重新交朋友，以下技巧要了解：

◆ 聊天別急著說自己得意的事，或退休前的豐功偉績，那會讓人接不了話。

◆ 多聊軟性話題，像是分享家中毛小孩的成長點滴，或是兩代

教養觀不同的衝突，也可以稱讚對方手機中的孫子照片長得帥、長得好……當軟性話題產生共鳴，自然而然就聊開了。

女性比較容易出外交朋友，有時不妨拉著另一半一起參加。揚生基金會給 60 歲參與者的中階課程有一個作業，設計要讓家人參與才能完成，例如：大聲朗讀文章給家人聽（文章內容大多和老人相關），故意在先生旁邊出聲朗讀，家人自然而然會聽到，間接鬆動先生對老年生活的固著性，下次再約他同行，也許他會好奇「看看你們都在搞什麼？」說不定就能成功把不動如山的人，給拐出門見世面啦！

其實，老人也不願成為孤島，只是有些既定模式和習慣要改變並不容易，也總覺得自己說話或做事都是「為大家好」，但有時不妨想想：究竟是為了自己好？還是為了大家好？修正自己講話的語氣，多思考別人的感受，就能成為受人歡迎的慈祥長者。

善用「長照四包錢」，家庭經濟不垮台

　　長照 2.0 自 2018 年起提供「長照四包錢」，分別為「照顧及專業服務」、「交通接送服務」、「輔具服務及居家無障礙環境改善服務」、「喘息服務」等四大項給付服務。民眾可撥打長照專線 1966，或出院前向醫院洽詢「銜接長照 2.0 出院準備服務」，就有專人到府依失能程度（一至八級）或城鄉距離，評估補助額度。本文列舉兩個案例，教民眾如何利用「長照四包錢」，減輕家裡的經濟重擔！

　　根據衛福部 2015 年一份《全國國民長照需要調查》的結果顯示，全臺灣約有 231 萬人，因為照顧家人而影響到工作，其中高達 13 萬人離職、18 萬人因此減少工時。以全國勞動人口約 1100 多萬人來計算，約每 5 人就有 1 人的工作受到影響，約有 1% 的人因此放棄工作。比例之高，讓長照問題已經單純從健康層面，波及到勞動市場。

　　目前有很多需要照護的家庭，還不知道長照 2.0 可以大幅

減輕負擔。有些家庭仍每個月自費好幾萬元，甚至還讓某個家人辭掉工作，擔任 24 小時的全職照護者；這種方式雖然負責任、盡孝道，卻不一定理想。長照是完整的配套方案，可依據每位個案不同的狀況來分配資源，以下就讓我們來看看，補助額度可以怎麼用。

案例 1

中風、重度失智的李爺爺

80 歲的李爺爺，有「中風、重度失智」的問題，平時可用助行器緩慢行走。在長照等級中，被評定為最嚴重的【第八

表一：長照需要等級、給付額度及部分負擔比率

長照需要等級	照顧及專業服務（月）適用B、C碼 給付額度(元)	部分負擔比率(%) 低收入戶	中低收入戶	一般戶	交通接送（月）適用D碼 第一類 給付額度(元)	部分負擔比率(%) 低收入戶	中低收入戶	一般戶	第二類 給付額度(元)	部分負擔比率(%) 低收入戶	中低收入戶	一般戶	第三類 給付額度(元)	部分負擔比率(%) 低收入戶	中低收入戶	一般戶	第四類 給付額度(元)	部分負擔比率(%) 低收入戶	中低收入戶	一般戶	輔具服務及居家無障礙環境改善服務(3年)適用E、F碼 給付額度(元)	部分負擔比率(%) 低收入戶	中低收入戶	一般戶	喘息服務額度 1年 適用G碼 給付額度(元)	部分負擔比率(%) 低收入戶	中低收入戶	一般戶
2級	10,020				不給付																							
3級	15,460				不給付																							
4級	18,580																								32,340			
5級	24,100	0	5	16																	40,000	0	10	30		0	5	16
6級	28,070				1,680	0	10	30	1,840	0	9	27	2,000	0	8	25	2,400	0	7	21								
7級	32,090																								48,510			
8級	36,180																											

資料來源／衛福部公布之「107年度長期照顧給付及支付基準」

級】，非中低收入戶的他，是一般戶。

　　在沒有使用長照2.0之前，主要照顧者是70多歲的李奶奶，李奶奶24小時全職照顧，所有事情一肩扛，有時壓力很大，也會哭泣或大罵李爺爺。

　　使用了長照2.0之後，李爺爺每週一到五，一大早有照服員來協助洗頭、洗澡；洗完之後，週一到週四的早上會有交通車，把李爺爺接到「日間照護中心」去，下午才回來。日照中心有專業者協助作認知、移步等訓練。而週五，則有照服員到府協助，像是「陪同外出」、「陪同就醫」、「協助餵食」等。李奶奶現在只要照顧周末兩天，及一到五的晚上，有時候還會有家人來輪班，大幅減輕照顧壓力。

一張表看懂「長照四包錢」怎麼用

照顧及專業服務	交通接送服務 （失能第4級以上適用）	輔具及居家無障礙環境改善服務	喘息服務
依失能等級（2～8級）每月給付10,020～36,180元	依城鄉距離每月給付1,680～2,400元	每3年給付40,000元	依失能等級（2～8級）每年給付32,340～48,510元
一般戶 給付額度X部分負擔比率16% **中低收入戶** 給付額度X部分負擔比率5%	**依距離遠近計算** **一般戶** 給付額度X部分負擔比率21～30% **中低收入戶** 給付額度X部分負擔比率7～10%	**一般戶** 給付額度X部分負擔比率30% **中低收入戶** 給付額度X部分負擔比率10%	**一般戶** 給付額度X部分負擔比率16% **中低收入戶** 給付額度X部分負擔比率5%

★ 低收入戶由政府全額補助，免部分負擔
★ 2～8級失能等級之給付額度，請詳見P189「表一：長照需要等級、給付額度及部分負擔比率」
★ 請注意！長照住宿式機構服務使用者不能申請這四類長照服務

資料來源／衛福部的長照懶人包

★ 李爺爺如何使用「長照四包錢」

第一包錢		第二包錢	第三包錢		第四包錢		
照顧及專業服務 （月／一個月以四周計算）		交通接送 （月）	輔具服務及居家無障礙環境改善服務 （3年）		喘息服務額度 （1年）		
項目內容	使用額度 （月）	使用額度 （月）	項目內容	使用額度	項目內容	補助額度	實際使用
日間照顧（全日）：第7型	每週四天，由交通車接送到日照中心。 1285元 X 16天 = 20560元	通常往返日照中心，需另外支付交通車費用，但李爺爺所屬日照中心有附免費巴士，所以不扣額度。	照顧床與電動床	13000元	機構住宿式喘息服務（含交通）	每年最高有21天的額度，每次24小時。補助額度上限為每天2310元 X 21天 = 48510元	每天2310元 X 實際使用每年30天 = 每年69300元
協助餵食或灌食	每週1次 130元 X 4週 = 520元		扶手	150元			
肢體關節活動	每週1次 195元 X 4週 = 780元		斜坡板	5000元			
家務協助（30分鐘）	每週半小時，協助清理長者衣物及活動範圍。 195元 X 4週 = 780元						
陪同外出（30分鐘）	每週1小時，陪同散步或其他。 195元 X 2個單位 X 4週 = 1560元						
陪同就醫（1.5小時以內）	每月一次，照服員陪同到醫院回診。超過1.5的時數以「陪同外出」計算。 685元 X 1次 = 685元	陪同就醫的（復康巴士）交通費每月200元。					
沐浴及洗頭	照服員每週5天到府。 325元 X 20次 = 6500元						
總額度	實際使用額度31385元；每月上限為36180元，未完全使用。		三年度實際使用18150元；三年上限為40000元，未使用完畢。		每年實際使用69300元，補助額度上限為48510元，超支了20790元。		
自負額	每月31385 X 一般戶負擔比率16% = 5022（元）。	200 X 一般戶負擔比率30% = 60元	三年共18150 X 一般戶負擔比率30% = 5445（元）		一年（48510 X 一般戶負擔比率16%）＋20790元 = 28552元		
合計	● 第一包錢每月約自付5022元。 ● 第二包錢每月約自付60元。 ● 第三包錢三年共自付5445元，平均每月自付151元。 ● 第四包錢一年共自付28552元，平均每月自付2380元。 ● **總計平均每月自付共7553元。**						
備註	● 本表中的數字是以2018年11月1日實施的新版「長期照顧給付及支付基準」中的價格來試算（可上網搜尋下載整份文件）。在滾動式修正的政策下，未來價格可能調整，且有各縣市的差異性，請民眾留意。 ● 第二包錢在就醫時使用到的復康巴士，李爺爺每次從家裡到醫院來回的交通費是200元；價格與距離成正比。 ● 長照四包錢的額度，各項之間不可互相流用。 ● 第三包錢中，有些補助項目，即便未超過額度，也須部分自負。目前各縣市的規定不同，民眾需再確認。 ● 身心障礙者對於輔具也有補助，但同時符合長照資格者，必須在兩者間擇一。						

此外，長照 2.0 還補助了照顧床、電動床和其他設施，以及每年最高 21 天的機構式住宿喘息服務，讓李家人累的時候，可以讓李爺爺暫住在住宿機構裡，也讓家人鬆口氣；這部分李家人每個月平均使用 2 或 3 天 (一年用了 30 天)，因為已經超過 21 天的補助額度，超支部分就自費支付。

經濟負擔上，李家每個月平均只要花 7000 多元的費用，就可以妥善安排李爺爺的生活。經過日照中心訓練，現在李爺爺的失能速度減緩了，李家人不必常苦惱、吵架，可用比較自在的態度來面對李爺爺的老化。

中華民國家庭照顧者關懷總會副主任張筱嬋分析，李爺爺的情況讓我們看到，長照的服務可以混搭，也必須練習混搭，才能符合家庭期待的最佳配置。

案例 2

長照需求第五級的吳奶奶

吳奶奶有失智症，但行動自如，也可以自己進食；她被評定為第五級、中低收入戶，被安排每週五天到日照中心，周末則由家人看護。因為五天都在日照中心，居家的服務需求並不多，只是有時候會使用到第四包錢——喘息服務中的居家喘息，所以她的計算方式相對簡單。

綠杏事業公司附設臺北市私立萬芳 (居家式服務類) 長照

★ 吳奶奶如何使用「長照四包錢」

第一包錢		第二包錢	第三包錢	第四包錢		
照顧及專業服務 （月／一個月以四周計算）		交通接送 （月）	輔具服務及居家無障礙環境改善服務（3 年）	喘息服務額度 （1 年）		
項目內容	使用額度（月）	使用額度（月）	項目內容	項目內容		使用額度
日間照顧（全日）：第 7 型	每週五天，由交通車接送到日照中心。	1285 元 X 20 天 = 25700 元	日照中心有附免費巴士，所以不扣額度	無	居家喘息服務：全日	吳奶奶每年有 14 天的額度。	每天 2310 元×每年 14 天 = 每年 32340 元
總額度	實際使用額度 25700 元；每月補助上限為 24100 元，超出額度 1600 元。				每年實際使用 32340 元，剛好使用完額度上限。		
自負額	一年 32340 X 中低收入戶負擔比率 5% = 1617 元（元）。				一年 32340×中低收入戶負擔比率 5% = 1617 元。		
合計	● 第一包錢每月約支出 2885 元。 ● 第四包錢一年共支出 1617 元，平均每月支出 135 元。 ● **總計平均每月花費約 3020 元。**						

服務機構的居服督導黃秀菊指出，其實可以到日照中心的長照對象，多數都偏好每週五天，因為對長者來說「規律的作息更好」。

長照舊制轉新制
負擔會加重嗎

對於已經使用過長照 1.0 的人來說，長照 2.0 會不會花更多錢呢？黃秀菊居服督導跟張筱嬋副主任都說「跟舊制差不多」，除非是極少數的特殊案例，否則在一般的狀況下，雖然服務採

取「分項計價」看起來算得比較清楚，但部分負擔比例跟舊制相比，卻大幅下降。

譬如最嚴重的全癱案例，在舊制以每小時 200 元、取得補助 90 小時、部分負擔 30％的家庭，每個月的自負額約 5000 多元；改成新制之後，（以照顧及專業組合來看）取得了 36180 元的額度、16％的部分負擔比率，全部用完也是 5000 多元。根據試算，新、舊制的轉換，不論新制是增加或減少負擔，每個月的差異很少超過 1000 元；如果真的差異大，應與個案管理師詳談，找出最需要的項目，或是照顧過程中，是否有認知上的重大落差。

掃描 QR-CODE

下載「長照四包錢」試算系統

http://www.familycares.com.tw/

如何申請「喘息服務」這樣做

根據國內統計，照顧者平均照顧失能、失智家人的時間約9.9年，每天平均照顧13.6小時，扣除用餐、睡眠時間，幾乎沒有放鬆的時間。好在已有不少私人和公家單位提供「喘息服務」，可以讓照顧者暫時抽離照護工作，究竟喘息服務可提供哪些協助？又該如何申請、向誰申請呢？

再忙，也要留時間給自己，開業診所精神科醫師郭彥麟常與照顧者分享，長照就像長泳，必須懂得換氣、喘息，才能繼續前進，如果可以，每天至少給自己半小時以上的獨處時間，離開被照顧者，喘口氣，甚至尋找資源、與其他人輪替，放個短假，暫時從照護工作抽身，才有時間回頭照顧好自己。

中華民國家庭照顧者關懷總會副主任張筱嬋表示，如何抽身是照顧者必須學會的照顧技巧。臺灣照顧者常有一個照顧迷思，「我會盡力承擔」，結果二十四小時都與被照顧者綁在一起。最好的作法是定期召開家庭成員會議，大家坐下來分享照

顧經驗與工作經費分配，彼此攜手合作，同心協力照顧，照顧者才有機會喘息。張筱嬋以自身為例，為了照顧弟弟，姐妹四人不定期開會討論照顧職責及時間，若遇臨時有事的情況，也會相互支援。

照顧者「喘息服務」
可提供哪些協助？

另外，也要善用各項民間及政府提供的喘息服務。國外研究顯示，喘息服務不是單純為了維持照顧者的角色，而是促進照顧者與被照顧者的生活品質。照顧者可打電話或親自至居住縣市的「（長期）照顧管理中心」提出申請，長照管理中心會指派照顧管理專員前往家中評估申請資格。申請通過後，即可協助安排各項喘息服務。有了居家服務員接手照顧後，短暫空出來的時間，照顧者就可以做自己想要做的活動及休息。

照顧者可依據失能程度、個人需求，混合搭配使用機構及居家喘息服務項目，政府一年補助最多 21 天的喘息服務。目前政府提供、有輔助的照顧服務，有「維持受照顧者身體衛生及舒適為主」的護理服務、「入浴、如廁、餵食、行動、服藥管理及更衣等」的個人照顧、「防止受照顧者因獨處而發生意外或危險」的陪伴服務、「定點式且時間較長，需備有環境安全、設備適當的場所」的住宿服務，這些服務都有專人照顧生病的

家人，對照顧者來說，只要有人接手照顧，就可以讓自己獲得喘息的時間。

有了喘息時間，該如何利用？郭彥麟醫師建議時間利用有優先順序，通常好好睡個覺，中斷長期的睡眠剝奪是優先選項；其次是利用時間處理自己的身心健康需求，照護者的健康與被照護者同等重要；最後若還有喘息時間，也鼓勵適度運動，最好的運動是有氧運動，如快走、慢跑、騎腳踏車及游泳等，另外腹式呼吸、瑜伽、冥想等靜態運動或放鬆技巧都有助壓力釋放。若喘息時間充裕，可以到照顧咖啡館喝杯免費咖啡，蒐集照顧者相關資訊，或欣賞電視劇或看場電影，才不會硬撐累垮。

3 成家庭照顧者
飲食不正常、營養攝取不足

家總曾針對「家庭照顧者飲食狀況」進行調查，結果發現，3 成照顧者三餐時間不定時，常常三餐併兩餐、兩餐併一餐；近 8 成照顧者希望長照體系提供「送餐服務」，減輕負擔；55％的受訪者則表示，「自家烹煮」平均得花費 1 小時，讓照顧者感到困擾。

亞東醫院營養師吳宛真建議照顧者，越忙碌越要在意飲食品質，可以吃得簡單，但不能吃得隨便，尤其是照顧者常有焦慮、緊張情緒，更要注意營養均衡攝取，六大類食物都要攝取，

不能偏吃某一類食物。她曾到有營養諮詢需求的長照個案家中探視，發現有些家庭以蔬食飲食為主，很少吃到蛋白質含量高的食物，長期營養不良，呼籲照顧者要重視營養，不可忽略均衡攝取原則。

三餐之中，全穀雜糧類、豆魚蛋肉類、乳品類、油脂與堅果類、蔬菜類、水果類都要足量攝取，可以補充到完整的維生素 B 群、維生素 C、膳食纖維、足量礦物質（鈣、鎂、鐵等）、豐富的植化素（花青素、 β - 胡蘿蔔素等），除了可以補充身體每日所需的營養素，同時有舒緩緊張、焦慮等情緒的作用，還能提高免疫力，降低感冒發生率。

吳宛真營養師建議忙碌的照顧者，每天需更換食用各種魚肉類食物，也要多吃紅、橙、藍、紫、綠、黃色等彩虹蔬果，如果是到自助餐，不妨挑選混搭的菜餚，像番茄炒蛋、青椒炒牛肉絲，可同時吃到多種食物的營養。當然使用電鍋、果汁機做料理，也是不錯的選擇，省時、省力，又可以調理出好吃、補元氣的料理。

用 2 道電鍋料理補充滿滿元氣
地瓜飯＋清蒸番茄洋蔥鯖魚

食譜設計／亞東醫院吳宛真營養師

　　利用電鍋，同時蒸煮地瓜飯及番茄洋蔥鯖魚，可以吃到五、六種食材，攝取豐富蛋白質、膳食纖維、維生素、礦物質、植化素、營養素。

【食材】

地瓜飯：五穀米 2 杯、地瓜 2 條、適量的水。

清蒸番茄洋蔥鯖魚：大鯖魚 1 條、番茄 2 顆、洋蔥半顆、蔥段和薑片適量。

【作法】

1. 地瓜削皮後，切成塊狀。

2. 把米洗好後，置入電鍋內鍋，加入地瓜和水備用。

3. 鯖魚和番茄洗淨後，切塊備用。洋蔥洗淨後切成片狀。

4. 將薑片鋪鍋底，放上魚，加入番茄、洋蔥、蔥段，最後再將米酒、醬油、番茄醬少許用水調勻後製成醬汁，醬汁淹過魚即可。

5. 將魚盤放入電鍋，置於地瓜飯的上層，外鍋加入適量的水，開關跳起後，就有兩道佳餚同時上桌。

照顧者必學的 DIY 活力飲品

食譜設計／亞東醫院吳宛真營養師

　　睡眠不足是許多照顧者的困擾，不少人會用咖啡做為提神飲料，但是咖啡因代謝大約需要六小時，太晚喝可能晚上會睡不著，不妨喝杯簡單易做的 DIY 活力飲品，好喝又好睡。

【食材】
香蕉牛奶：香蕉 1 條，盒裝牛奶 1 盒。

【作法】
1. 香蕉剝皮後，切成塊狀，裝入果汁機中。
2. 牛奶倒入果汁機後攪打 30 秒，倒出飲用。

【營養】
　　牛奶含有豐富的鈣和鎂，有舒緩緊張情緒、抑制神經興奮的作用。香蕉含有色胺酸，是體內合成血清素的原料，血清素是情緒荷爾蒙，有助睡眠。但因牛奶含有豐富蛋白質，需要時間消化，建議睡前 1 ～ 2 小時飲用，才能充分吸收。

【小叮嚀】
　　若不喜歡香蕉，單喝牛奶，或添加含有鈣、鎂、芝麻素的黑芝麻粉、黑芝麻醬，用隔水溫熱方式飲用，也有助眠效果。

喝杯喘息咖啡
全省照顧咖啡館在這裡

可全臺移動的「胖卡咖啡車」可為照顧者加油、打氣（照片提供／合庫人壽）。

　　「照顧咖啡館」是中華民國家庭照顧者關懷總會推動的「社區長照情報站」，這不同於一般咖啡店只單純提供咖啡、飲料。當照顧者透過政府資源的居家員或家人協助，有人接手照顧病患之後，就可以到照顧咖啡館喘口氣、轉換心情。

　　照顧者來到照顧咖啡館，可以喝到免費的喘息咖啡，另外一位照顧者好友也可以得到一杯免費咖啡。店內有各項照顧資源、資訊，可以向店家諮詢，同時也會不定期舉辦各種紓壓活動，歡迎照顧者報名參加，例如：長照 2.0 戰備課、長照教練一對一諮詢服務等。還可以建立人脈網路，互相加油打氣。

　　截至 2018 年 9 月，全臺已有 8 家咖啡館，其中復華照顧咖啡館是 2018 年台北市日照中心與中華民國家庭照顧者關懷總會合作的第一家照顧咖啡館，鼓勵照顧者有動力走出家門。

　　目前喘息咖啡還有行動化的「胖卡咖啡車」，蹤跡已遍布臺灣各地，基隆、臺北、板橋、新竹、苗栗、臺中、斗六、南投，未來仍會持續全臺走透透，透過行動咖啡方式為照顧者加油、打氣。

　　照顧者可至家總官網 www.familycare.org.tw 線上申請，由專人確認後即可獲得「喘息咖啡兌換券（每位被照顧者家屬限申請 1 份）」，1 年可兌換 10 杯飲品，每次最多可兌換 2 杯。另外 2018 年又發行好友券，只要介紹一名新的照顧者朋友申請喘息咖啡券，將可得到一張好友券，每張好友券可兌換一杯喘息咖啡。洽詢專線：0800-507272 家庭照顧者關懷總會行政組

Lesson 12
退休的財務規劃

擔心退休金不夠用？

「我退休後想環遊世界！」、「我退休後想搬到鄉下種花養鳥，過清靜的生活！」退休，多麼令人嚮往的日子！不用再面對忙碌的工作、不必再擔心孩子的學業，可以擁有完全屬於自己的生活。可是，要過這樣的生活，你準備好了嗎？

專攻老人學的郭慈安是美國加州大學洛杉磯分校講師，同時也在美國比佛利山市政府擔任義工管理的主任，她表示，退休的規劃可分為生理、心理及財務 3 大區塊，依據這 3 項平衡規劃才能擁有快樂的退休生活。

考驗 1

你存夠醫療基金了嗎？

台灣理財顧問協會秘書長劉凱平指出，無論退休後想遊山玩水，還是想蒔花養鳥，沒有健康的身體就無法達成這些目標。目前臺灣健保為國人的健康做了最基礎的保障，但仔細看看，

仍不能符合一般人的基本需要。

　　健保不給付的項目包括醫師指示用藥、掛號費、病房差額、住院膳食費、指定醫師費、特別護士費、美容外科手術、非外傷性齒列矯正、不具積極性治療的裝具（例如：義齒、義眼、助聽器、輪椅、枴杖等）、人工協助生殖技術、藥癮治療等，以上種種都須由病人自費處理。

　　其中「醫師指示用藥」，指的是經醫藥專業人員諮詢的藥物，不需醫師開立處方箋，民眾可在藥房藥局自行購買，如普拿疼、立達賜康等，換句話說，包括感冒藥、胃藥等多項成藥，都是患者須自費的藥品。另外，在醫院住院時，如果依健保給付指示，患者將住進 3 人以上的病房，也就是所謂的健保房，但住院的飲食開銷仍由病人自行支付，若想由健保房換成單人房，病人也得自付差額。

　　檢視健保不給付的項目，有多項是老年時可能要用到的，如特別護士費、助聽器、輪椅、枴杖等，可見得有基礎保障的健保外，想要有「無後顧之憂」的退休生活，活用「商業保險」去補強醫療的缺口是必要的步驟。

對策》利用商業保險，填補醫療缺口。

　　保德信人壽執行壽險顧問林佩縝表示，想評估退休後自身醫療所需，「只要將希望的醫療水準扣除健保給付」，就能算

出目前需要補足的醫療缺口。例如：你希望將來生病或受傷住院時，能住進單人病房，單人病房的住房費用扣除健保的補貼後產生的差額，就是你保險須貼補的缺口。目前臺灣北部大型醫院的單人房差額約 4,500 ～ 5,000 元，中部約 3,500 ～ 4,000 元，南部約 2,000 ～ 2,500 元。

此外，住院的餐飲費用、看護費用，甚至是手術時產生的自費項目，都須包含在健保之外的商業醫療保險內，加上意外險、意外醫療險，才能完整涵蓋疾病、意外傷害時所產生的醫療支出。

考驗 2

你存夠退休金了嗎？

劉凱平指出，想在退休前存夠退休金，以退休後再活 20 年、每月花費 3 萬元計算，加上其他醫療準備支出，少說也要 2 千萬元才「勉強」夠用，這還沒加入通貨膨漲或長壽等因素。如果從現在起每月存下 3 萬元，工作 30 年就可擁有 1,080 萬元，距離 2 千萬元的目標不遠，但問題是，「多少人能每月存下 3 萬元」？

如果是計劃在銀髮住宅安度餘年，也會有不同的品質、水準的落差，有些高級的銀髮住宅，須先繳交 500 ～ 600 萬元的基金，每月還要繳 2 萬元的租金。也有些安養中心規定，要先

準備 30、40 萬元的保證金，居住期間每月還要繳 2 ～ 3 萬元，這還不包括雇請看護的費用，萬一子女無力負擔與父母同住、照顧父母，那麼從現在開始就須著手規劃，在退休後 1 年至少要有 70 萬元以上的存款，才能達到入住安養中心的最低門檻。

劉凱平提醒，這「70 萬元」只是現在的貨幣價值，未來退休後，金額會更高。他說，人類生活的品質不斷往上走，30 年間的物價水平可提高至 3 ～ 13 倍之多。

這樣看來，除了富豪之外，一般人是難以達到所謂的「提前退休」，但其實想要提前退休，說容易不容易，說難也不是非常難。林佩縝表示，許多人以目前薪資估算未來所需，不如以「未來所需」估算實際退休的經濟需求。

對策》多存一筆「高品質生活費用」。

許多人認為 20 ～ 30 年後，退休了，房貸清償了，子女也從學校畢業進入社會工作，父母可能也已離世，因此只有每個月的基本需求支出，卻忽略退休生活中，最可能造成壓力的「醫療費用」和「娛樂費用」。

想詳細估算出最合理的退休金，林佩縝建議，要好好列表計算，最好再加上一項「高品質生活費用」，像是不定時出國旅遊，買張舒適但昂貴的按摩椅等。這筆費用應可隨時活用應急，若孩子沒照預期進入社會就業，希望繼續攻讀研究所時，

也可派上用場。

對策 2》讓投資理財退而不休。

愈早規劃退休，退休生活愈完美。如果能在 25 歲就開始規劃退休，從每個月薪水中，規劃一部分投資，一部分保險，在 30、40 年後就能擁有一筆可觀的錢作為退休老本。劉凱平指出，許多保單也含有投資理財的項目，讓部分保費可轉投資基金或股票，同樣也是經營退休金的好方法。

在投資理財方面，也要秉持「退而不休」的精神，讓你的退休金繼續投資，不過，退休後對於風險承受能力較低，所以理財應考慮穩健的保本型基金，或較保守的平衡型基金作為投資重點，讓退休金能持續產生收益。

也有人利用保險來規劃人生各階段所需，當然也包括退休。林佩縈以自己為例，她在 33 歲時就規劃，希望在 60 歲退休，同時在退休後，每月有 5 萬元可使用，因此，她開始每月支付 15,000 元的保險費，投保年金保險。如果等到現在 40 多歲後，才開始規劃退休理財，可能每月須支付 5 萬塊，才能達到同樣的退休條件。

除了勞退，還能靠什麼養老

　　沒有錢卻活得很長，對退休的人而言，是最恐怖的一件事！根據調查，退休後，有44％的人最擔心「錢不夠用」，若錢真的不夠用，人人期待的退休夢想，到底是精彩生活的開始，還是另一場人生惡夢的開場？每每看到電視上出現綠色山林中白牆紅瓦的洋房，總夢想自己退休後，一定要過著像彼得梅耶在《山居歲月》裡一樣悠閒的步調，以慰勞自己辛苦大半輩子的生活⋯⋯但看看銀行的存款，你覺得足夠支應退休後20年的開支嗎？

　　許多人早已不奢求「養兒防老」，養兒，只求孩子未來有能力照顧好自己，至於如果你是30～45歲的父母本身，則「自求多福」。依照目前的勞退新制，雖然上班族不用擔心未來

會領不到退休金，但這筆退休金，真的夠讓自己過個無虞的退休生活嗎？

靠勞退制度養老
一天生活費不到 10 元

以目前社會新鮮人起薪 2.5 萬元來算，若每年薪資成長 3%，即便雇主每月提撥 6%，按照勞退基金規定 2 年期定存利率，約 2% 來計算，就算工作 35 年，屆時領到的退休金也只有 151 萬！

如今國人男性平均壽命是 74.57 歲，女性是 80.81 歲，加上生技醫療日新月異，等到 65 歲退休時，相信再活 20 年沒有問題，這筆勞退基金如果要支應退休生活，每年只有 3.4 萬元，換算下來，一天只有 9.3 元能花。

9.3 元？買個麵包都不夠！這樣的日子怎麼活？況且每個人的生涯中，不同階段都有不同的需求，25 歲踏入職場，30 歲不少人要考慮結婚，既然要結婚，也得準備買房子，加上孩子出生後，其教育基金與房貸兩頭燒，還有餘力為自己準備退休金嗎？

養一個孩子到出社會
至少 500 萬

「養一個孩子至少要 500 萬！」南山人壽理財規劃師蔡聖裕強調，這講法絕對不誇張。他計算，以目前雙薪家庭的情況來看：

◆ 孩子一出生就給保母帶，一年至少 24 萬。

◆ 孩子 4 歲後上幼稚園，就讀私立幼稚園一年要 20 萬 4,000 元。

◆ 孩子 7 歲上小學，就讀公立小學加安親班，一年至少 9 萬 9,200 元。

◆ 國中開始，若補習一科，學費加補習費，一年也要 5 萬 4,000 元。

◆ 上公立高中加上單科補習費，一年需 3 萬 7,000 元。

◆ 考上私立大學，一年學費至少 10 萬 4,000 元

◆ 到國外攻讀碩士，一年至少 130 萬元。

加總起來，培養一個孩子到他出社會，至少需 521 萬 6,200 元！如果多上個才藝班、多買些玩具、多補習一科，或從小就唸私立學校直到大學，這筆費用當然不止於此。

此外，想定居在臺北縱然大不易，但每個結婚的人，總希望有個自己的家，以目前新北市房屋售價每坪 30 萬元，若想買一個 30 坪、供 3 人居住的小康之家，以 20 年還款期，平均年利率 3％計算，900 萬的房子，頭期款三成要 270 萬，房貸 1 年支出也要 40 萬。

肩扛子女教育費、房貸
怎麼從夾縫中存退休金？

如果一個人在 30 歲結婚，婚後 2 年生了一個孩子，希望能

買一幢 30 坪，約 900 萬元的房子供一家 3 口居住，在兼顧房貸、子女教育基金的家庭責任需求後，如何規劃他們的退休金，以保障在 65 歲退休後，仍有富足無虞的退休生活直到 85 歲壽終正寢？

模擬案例

以 30 歲的 A 先生，月薪 4 萬元為例，如果以薪水增加幅度每年 3％計算，在雙薪家庭中，妻子的月薪 3 萬 5,000 元。假使在家庭需求與子女的教養上，妻子需負擔比丈夫更多的責任，在此模擬狀況中，妻子選擇較輕鬆、壓力不太大的工作，其薪水不因時間而增加，一直維持在 3 萬 5,000 元，直到 65 歲退休。那麼 A 先生在子女教育、房貸支出、投資理財及生活需求上，該如何分配，才能存夠退休金？

假如 A 先生
30 歲開始理財

在購屋需求上，蔡聖裕說，年輕夫婦想購屋，沒有家長支持的話，需先存一筆頭期款，新婚初期可能要先租屋，以租金 1 個月 2 萬元計算，1 年就是 24 萬元。

僅提撥薪水的 30％理財

因此，在家庭的財務規劃上，他建議：「如果 A 先生 30

歲開始理財，建議以薪水的 30％用於理財投資上，生活支出占 60％，包含每月家庭開支、房屋租金、子女教育費用、緊急預備金等，其餘的 10％用於保險規劃，做為風險趨避支出，保護上述 90％的資產。」

家用支出上，若每月 1 萬 5,000 元，每年以 3％幅度持續增加，如此一來，第 1 年，A 先生的家庭在扣掉各種支出與投資金額後，仍餘 20 萬左右的存款；蔡聖裕說：「不管投資或其他花費，都應留有一部分存款，因應生活中臨時出現的支出；而這筆存款在日後 A 先生保險支出增加，或有不足資金需求時，亦可提出因應。」

生活花費放在最後

蔡聖裕強調，家庭在做財務規劃時，最忌「把生活花費放在前面」，「想花的錢都花掉了，才把剩餘的錢拿來投資，這樣投資的金額一定會變少，因許多錢就在不知不覺中花掉了；相反地，每個月拿到薪水後，先把理財支出視為必要支出，連同房貸或房租先扣掉，所餘的錢才拿來花用，無形中可替自己省下不少不必要的花費，也不會讓投資金額減少。」這樣的紀律，才是替自己累積財富最有效的方法。

追求「高風險、高報酬」基金

至於投資的年報酬，蔡聖裕建議，年輕時，因手頭上的資金不多，所以風險承受度較大，可追求「較高風險、高報酬」的基金，以定期定額方式來理財；故他設定 A 先生的投資策略：

◆ 30 ～ 35 歲，年報酬設定在 20%。

◆ 36 ～ 45 歲，年報酬為 15%。

◆ 46 ～ 55 歲，年報酬為 12%。

◆ 56 ～ 65 歲，年報酬為 8%。

等到 65 歲退休時，「累積的基金主要是保障退休後的生活，此時，投資以保本為前提，只要能抗通膨即可。」故 65 歲後，他把年報酬設定在 3%。

在這樣的投資規劃上，假設 A 先生在前 10 年都是租屋居住，而投資的基金在他 39 歲前，已累積到 358 萬元，此時，900 萬元的房子，頭期款約 270 萬，即可從投資基金中提撥出來，蔡聖裕強調：「除非是像購屋的頭期款，或子女到國外求學，一下子要用上百萬元的資金，否則最好不要隨便動用投資基金，因投資基金的錢隨時間複利的加乘效果，累積速度非常快，動不動把基金贖回，難以累積財富、儲存足夠退休金。」

如此一來，65 歲 A 先生夫婦退休時，不但擁有一幢 30 坪的房子安度晚年，子女也從國外留學回來，步入職場、建立自

己的家庭，A 先生夫婦除了房子外，仍有近 400 萬元的活期存款，退休基金也高達 4,300 萬元，加上夫婦倆的勞保老年給付，與新制退休金給付，兩人共有 5,500 萬元左右的退休金，可過一個相當富足的退休生活。

假如 A 先生
45 歲開始理財

很多人並非在 30 歲就開始為自己的退休打算，也沒有理財的觀念，扣除家庭的必要開支（房貸、保險）後，有多少錢就花多少錢，不要說定期定額投資基金，連存款也沒多少，因此，如果 A 先生 45 歲才開始做理財規劃，那麼在兼顧房貸與子女教育基金的需求上，他又該如何進行資產配置，才能累積足夠的退休金？

醫療、娛樂花費不能少

根據家計調查，55 歲以上的人認為自己每個月用在醫療的開銷，只需 1,000 多元，實際上，大部分老人每個月的醫療支出平均是 4,400 元！明顯低估醫療保健上的費用；因此，在規劃退休後的醫療支出上，每個月至少要 4,000 元，加計通膨，20 年後的醫療支出一年是 7 萬 6,800 元。

根據 2006 年「日本高齡社會白皮書」中所公布的「日本老年人生活消費比例」發現，老年人的生活，飲食消費占最大

支出，約 25％，其次是教養娛樂休閒等消費，約占其支出的 10％；可見得，老年人在生活消費中，娛樂是相當重要的一部分。

近年來，臺灣中老年人也有此風氣，只要健康狀況許可，許多人都會參加社區所舉辦的各種休閒活動，旅行業者也發現，非寒暑假的旅遊淡季，支撐旅行社業績的竟是「阿公阿嬤團」。因此，想過一個高品質的退休生活，每年 10 萬元的國內外旅遊費用，大概跑不掉，這筆費用如果加計通膨，20 年後就變成 16 萬元。

所以，若 A 先生夫婦想維持一個品質尚可的退休生活，生活上的消費以退休前每月支出 4 萬 2,000 元的七成計算，每月花費至少 3 萬元，1 年就是 36 萬，加上夫婦兩人的醫療支出 15 萬 3,600 元（7 萬 6,800 元 2 人＝ 15 萬 3,600 元）；兩人的旅遊支出（16 萬元 2 人＝ 32 萬元）；1 年就要花費 83 萬 3,600 元。若退休後活 25 年，至少也要準備 2,000 萬元的退休金，才能讓 A 先生夫婦安享晚年。

需提撥薪水的 40％理財

　　雖然 A 先生在 45 歲時，月薪約達 8 萬元，並繳了 5 年房貸，但子女只步入中學階段，在兼顧所餘房貸與子女教育基金，若還想累積退休金，勢必要大幅刪減不必要的生活支出，並把理財支出提高，才有可能達成目標；蔡聖裕指出，「A 先生 30 歲時開始存退休基金，只要提撥薪水的 30％做為理財支出，但 45 歲才起步的話，每月至少要提撥薪水的 40％。」

　　如此一來，45 歲才開始理財投資的 A 先生，在 65 歲退休時，累積的退休基金約 2,700 萬元；活期存款約 360 萬元，一樣可應付退休 25 年後的支出，但財富累積的總額，比起在 30 歲時就理財投資，活期存款近 400 萬元，雖只差了近 40 萬元，不算多，但退休基金整整少了 1,600 萬元！

理財永遠不嫌晚！

　　蔡聖裕說，相同的生涯規劃，「差別只在一個是 30 歲開始理財；另一個則到 45 歲才起步」；但 45 歲想過個高品質的退休生活，每月需多配置 10％的金額，生活難免較拮据，對照於 30 歲開始為自己退休打算者，不但財富累積較快速，經濟生活上也較為寬裕，更重要的是，兩者間的財富差距也相當大！他指出，「45 歲才開始為退休作準備，也能過個不錯的退休生活，但整個過程會比較辛苦！」

　　你現在幾歲了？想過一個富足的退休生活嗎？趕快檢視一下銀行帳戶，如果有 2,000、3,000 萬，也許就能準備退休，開始遊山玩水；如果沒這麼多錢，趕快重新檢視你的財務規劃，進行退休投資的準備。

　　蔡聖裕提醒：「起步再晚，只要開始，就有辦法為自己累積足夠的退休金，就怕你認為達不到，任時光蹉跎不開始行動，那麼就要有工作到 75 歲才能退休的心理準備了！」

4 步驟，算算你的退休金還缺多少？

步驟 1》估計退休後生活資金總需求
目前滿意的生活水準所需的資金 × 預計退休生活的年數

步驟 2》計算已擁有的退休金準備
儲蓄及投資＋退休用的商業保險金（如年金險）＋政府
及雇主退休金＋其他資產收入＋預計退休收入

步驟 3》算出還需提撥的退休準備金
「步驟 1」減「步驟 2」，即退休金缺口。

步驟 4》填補退休金缺口
運用市場上各種投資工具，如基金、股票等，填補退休
準備金缺口。

享受時間幫你賺錢的快樂

現在報章雜誌、新聞節目常大談投資理財之道，有的人靠投資理財，把 60 萬變成 1000 萬，利滾利之下，已準備好退休，但也有人連老本都賠了下去，只好延後退休，繼續拚命工作，究竟這中間出了什麼問題？為什麼一樣理財，卻有如此大的差別？

第一金控私人財富管理部副理孫娟娟認為，許多人在退休規劃上，常犯的錯誤為 1. 開始得太晚；2. 投入得太少；3. 理財方式太保守。她指出，年紀大了以後，所能承受的風險愈低，本金自然愈大，愈年輕開始投資，付出的本金則愈少，「因時間就在幫你賺錢！」

許多人每個月都會存錢，但到了退休，仍無法累積到足夠的財富，對此，她提及，「這要檢視你是用什麼樣的理財工具，如果是定存，年利率只有 2％多，當然無法累積足夠的財富，要享受高報酬，還是要靠投資。」

另外，也有人每月都拿出一筆錢來投資基金，仍無法累積到足夠的財富，她表示，如果投資工具的年報酬還不錯，「就要回頭檢視投資金額是否太少？」無怪乎，大部分的銀行理財專員都建議，一個人或家庭的收入分配，至少要有30％放在投資理財，「但很多年輕人每個月買名牌花掉幾萬元，眉頭都不皺一下，花在投資的金額，遠不如買名牌的比例！」

不想讓未來的退休生活苦哈哈，孫娟娟提出以下7大退休理財規劃重點：

1. 愈早準備愈輕鬆，愈晚開始愈辛苦

若夫妻倆月收入共7萬5,000元，30歲開始準備，每月提撥月薪的30％，到65歲退休時，退休基金約達4,300萬元；如果45歲才開始準備，即使每月提撥月薪的40％，最終擁有的財富卻僅有2,700元，少了1,600萬元；除了因距退休年齡已近，有較大的準備壓力外，也失去時間複利的效果。

2. 投資金額以收入三成為主

大部分的人在青壯年時，支出多花費在購屋、子女教育需

求及日常生活開銷上，事實上，日常生活費中就算有結餘，時下年輕人也總喜歡「買名牌來犒賞自己」，或花在其他的吃喝玩樂上，所以，往往每月拿來投資的金額，只剩不到 2,000、3,000 元。如果要累積足夠的財富，最好規劃收入的三成用於投資。

3. 把理財列為必要支出

想打破「有餘錢再投資」的心理，唯一作法就是每月領到薪水後，先把理財支出視同房貸一樣，是每月固定要繳的費用，利用銀行自動扣款機制先扣掉，剩餘的錢再應用於生活開支上；不要小看這項先後順序的調整，財富累積的方法往往是靠有紀律的固定投資來達成的。

4. 不可輕忽通膨的威力

許多人在計算退休後的生活需求時，常以現在的支出做為參考指標，殊不知，在現今原物料年年上漲的壓力下，假使現在一個月花費 2 萬元，只要以每年 3％的通貨膨脹來計算，35年後就變成 5 萬 6,277 元！何況，有時物價上漲的幅度，一下子就超過 3％，因此，做退休後的財務規劃，千萬別低估通膨的威力。

5. 注意各種投資風險

每個人都希望能用各種投資工具致富，當然也包括退休規劃在內，然而，卻常被各種投資風險弄得血本無歸。投資風險有許多，如：投資時機、財務槓桿、匯率、利率、通膨、被騙的風險等，都是運用投資工具進行退休規劃時要注意的事項。

6. 不輕易贖回投資基金

上班族最常採取定期定額的方式來累積退休基金，因在時間的複利效果下，這種方式的確是一種最輕鬆、最有效的財富累積方法，但許多人常定力不夠，動不動就贖回基金移作他用，殊不知這樣一蹉跎，就中斷了想運用時間的複利來累積財富的效果，所以做退休規劃時，切忌動不動就贖回基金。

除非所投資的基金，在市場出現趨勢反轉的情況，才有必要贖回，而贖回後的金額也不要就此花掉，應繼續布局在其他趨勢向上的基金，才能達到複利效果。

7. 退休早期花費不宜過多

有些人剛從職場退休時領有一筆退休金，一時手頭寬裕，花錢就無節制，若未適當控制，很快就把退休金花費殆盡。加上科技日新月益，壽命延長，本來以為自己只能活到 75 歲，提早把退休金花光的人，萬一活到 85 歲，手頭無錢的情況下，退休後的生活品質恐怕只能用「淒慘」兩字來形容了。

老年，可說是一生
最福氣的階段！

文／葉雅馨（大家健康雜誌總編輯暨董氏基金會心理衛生中心主任）

　　日本堪稱擁有全球最長壽的人口，他們有個社政計畫，當人民滿 100 歲時，日本政府為了感謝這些老人家對社會的貢獻及引領，會由政府致贈一個精緻的銀杯。1963 年時，政府發放了 153 個銀杯，但到了 2014 年，卻已劇增發放了 3 萬多個，造成日本政府財政負擔，引起議會許多討論；最後決議 2016 年起，改發非銀質杯。這則新聞顯現的是，高齡已經是趨勢。如果你現在是 50 歲，未來可能還有 50 年的生命，你會想怎麼過呢？你開始準備了嗎？如果你即將面臨退休，現在開始準備還來得及嗎？

　　不少人對「退休」、「老年」生活的憂心，大多擺在經濟問題上，退休的財務規劃固然重要，但「懂老」和「未來想過怎麼樣的生活？如何安排？」，的確是要提早規劃的。

大家健康雜誌在 2018 年與寶佳公益慈善基金會合作出版《幸福樂齡：高年級的人生課》一書，透過我們熟悉的名人長者，分享自在的老年生活故事。2019 年，感謝賴進祥董事長、葉金川董事策劃，我們進一步編撰合作實用的《未來更幸福！退休前必修的 12 堂課》及《樂齡圓夢實踐家》兩本書。

許多人步入中年後，擔心變老；不少人退休後，恐懼變老，《未來更幸福！退休前必修的 12 堂課》的出版，就是為了步入中年的讀者，甚至不久即將退休的讀者，提供他們未來生活的建議。

人生就像春夏秋冬，並不是所有人都有機會經歷全程，所以「老年，可說是一生最福氣的階段」，懷抱「未來更幸福」的想望，會讓自己有信心去面對未來的生活。健康除了關照身體，也需留意心理，學會情緒管理，在退休後對家庭關係的變化、婚姻的經營，都將能因應。

12 堂課的開始，我們給讀者一些「老後」的概念，活得久未必比較健康，不妨思考如何儲備

健康能量，正視自己的健康狀態。

退休後，不少人喜歡規劃旅行或休閒運動，我們也建議退休的樂齡族，輕鬆準備旅行，動出好活力。

至於老年常見的身體毛病，包括骨鬆、肌少症、三高等，專家提出一些預防及營養需注意的地方，包括吃進元氣，選對營養補充品。近年社會興起的長照問題、共居思考，我們也有進一步的報導。

2017 年時《健康經濟學》期刊曾報導，康乃爾大學研究人員發現，心理健康問題對退休儲蓄有重大負面影響。因為憂鬱與焦慮無助退休儲蓄的管理，可見退休生活仍需時時檢視自己的情緒，不要隨意投資而加深經濟問題。

懂得接受不同階段生命的改變，享受退休人生，《未來更幸福！退休前必修的 12 堂課》一書已為你解答即將面臨的退休問題，陪伴你走向更美好的未來！

董氏基金會《大家健康雜誌》出版品介紹
悅讀精選系列

幸福樂齡：高年級的人生課
定價／380元 總編輯／葉雅馨 採訪整理／《大家健康》雜誌

人生，愈老愈有味！本書透過各界名人，包括：孫越、謝孟雄、黑幼龍、沈燕士、陶傳正、張金堅、楊志良、陳益世、林靜芸、葉金川、譚艾珍及陳焜耀等人物的精彩人生故事，分享自在生活、豐富生命、老而無憂及老而自得的人生思維。

心的壯遊：從捷克波希米亞，觸動不一樣的人文風情
定價／380元 作者／謝孟雄

捷克，浪漫迷人的波希米亞風情，幾經歷史洗禮、文化淬鍊，造就今日擁有12處世界文化遺產。本書以攝影家的運鏡，文史家的宏觀，用「心」帶你看到布拉格的絕美、卡羅維瓦利迷人的溫泉景緻、克魯姆洛夫保留的世遺風貌，以及庫特納霍拉變化萬千的人骨教堂……

最美好的時光：人生無憾過日子
定價／380元 作者／葉金川

罹癌康復後的葉金川珍視眼前的每一刻，他知道有一天必須跟親友說再見，因而寫下了對生命的提醒：「人一生要活得精彩、走得帥氣，走的時候不要管子、不須維生治療；死後大體器官要捐贈，不要追思葬禮，也不要墓園墓碑；想我的時候，就到合歡北峰來看我。人一輩子，就該留下一些能感動自己的事！」

關鍵戰疫：台灣傳染病的故事
定價／380元 作者／張鴻仁

痢疾、小兒麻痺、登革熱、結核病、愛滋病、安非他命、SARS等，都是臺灣近代重大的傳染病，對臺灣公共衛生的發展，亦有深遠的影響。作者希望讀者認識傳染病在臺灣發生和防治的一點一滴，要化身為福爾摩斯，一步步挖掘傳染病的真相，也希望讀者能學習前輩們為臺灣疫病防治所展現的智慧和能耐。

隨遇而安：精神科教授簡錦標的人生故事
定價／400元 作者／簡錦標

簡錦標教授是臺灣精神科醫學的權威，曾任臺北市立療養院院長、中華民國精神醫學會理事長，他的人生經歷臺灣近代史的滄桑轉變，從醫生涯就如近代精神醫學的發展演進！臺灣第一個精神官能症病友團體生活調適愛心會即為他所創立，也帶起臺灣團體治療的趨勢。本書從他的成長到罹癌的重生，敘說精彩的人生故事。書中呈現一個精神科醫師對生命的思考、人生的體悟，以及面對癌症的勇氣！

董氏基金會《大家健康雜誌》出版品介紹
健康樂活系列

男人的長壽病：攝護腺肥大預防與治療
定價／250元　總編輯／葉雅馨　採訪整理／《大家健康》雜誌　審訂／蒲永孝

你是攝護腺肥大高危險群嗎？男性的攝護腺會依年齡增加而肥大，另外像司機、廚師、老師等需久坐久站、常憋尿的職業也得當心，以免攝護腺肥大引發頻尿、夜尿等排尿困難。若延誤治療，到後期恐引起尿毒症而要洗腎！

男人的生命腺：攝護腺癌診斷與治療
定價／250元　總編輯／葉雅馨　採訪整理／《大家健康》雜誌　審訂／蒲永孝

男性生殖器官的癌症，九成以上都發生在攝護腺。攝護腺癌初期症狀不明顯，不容易發現。本書告訴你如何防範攝護腺癌，並接受適當檢查和治療。如果不幸罹癌，本書有詳盡的治療方法與照護的解析，幫你正確抗癌，對抗這個無聲殺手。

啟動護眼行動，別讓眼睛老得快！
定價／250元　總編輯／葉雅馨　採訪整理／《大家健康雜誌》

本書逆轉過時的眼睛保養觀念，想擁有清澈動人、更顯年輕的明眸，哪些護眼基本功要做？如果一天使用3C超過10小時，不想3C損耗視力，趕快翻閱本書，教你防備！

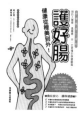

護好腸，健康從裡美到外！
定價／280元　總編輯／葉雅馨　採訪整理／《大家健康雜誌》

想食在安心、腸保健康，實踐健康無毒的飲食生活嗎？本書教你易懂該做的保健「腸」識，告訴你可以擁有好腸道的實用祕訣。食安風暴下，本書教你自保的用油知識，教你分辨真假食物，為自己調整飲食習慣。

養好胃，身體自然變年輕！
定價／250元　總編輯／葉雅馨　採訪整理／《大家健康雜誌》

想要身體回春變年輕？本書為你找到真正維持青春的關鍵祕密！你知道養好胃的重要嗎？維持青春好氣色的關鍵就在「胃」。胃部的健康，主宰人體的營養供應，若消化吸收力弱，免疫力下降，氣色自然不好，想要比實際年齡看來還年輕，就要趕快懂得如何「養好胃」的健康！

蔬食好料理：創意食譜，健康美味你能做！

定價／350元　作者／吳黎華

這本書為想追求健康窈窕的你，帶來做菜的樂趣與驚喜，教你輕鬆煮出蔬食清爽無負擔的好味道。你會發現高纖低卡的青菜料理不再一成不變，意想不到的搭配，讓每一口都充滿巧思。學會這些創意食譜，你也能變身時尚健康的飲食達人。

蔬食好料理2：饗瘦健康，樂齡美食你能做！

定價／350元　作者／吳黎華

藜麥、香椿、蒟蒻、杏鮑菇等養生食材，如何創意入菜，煮出美食？天然蔬食也能吃出異國風？熟齡飲食如何兼顧美味？學會書中食譜，你也能輕鬆做料理，為自己和家人的健康加分！

預約膝力人生：膝蓋要好，這樣保養才對！

定價／250元　總編輯／葉雅馨　採訪整理／《大家健康雜誌》

本書除了教你認識膝關節、正確的保養知識，更有運動防護的實戰解答，尤其瘋路跑、迷上路跑，又怕傷膝蓋怎麼辦？本書完整教你：正確的跑步方式，跑步前後該注意的事項，如何預防膝蓋傷害、如何透過練習、聰明飲食，讓自己身體更有能量！

成功打造防癌力，調好體質不生病！

定價／250元　總編輯／葉雅馨　採訪整理／《大家健康雜誌》

你知道哪些習以為常的飲食習慣，卻會增加罹癌機率嗎？你知道如何聰明吃，才不會將癌症吃進肚？本書為你一次解答，你最想知道的「吃什麼防癌」最有效？抗癌該怎麼吃？教你了解身體警訊，降低發炎機會，全方位打造防癌力！

排毒養生這樣做，輕鬆存出健康力！

定價／250元　總編輯／葉雅馨　採訪整理／《大家健康雜誌》

想排毒養生，就要從避免吃進毒開始。本書教你挑選食材的秘訣，無毒的採買術，同時提醒留意烹煮的鍋具，不要把毒吃下肚。教你懂得居家防毒，防範生活中的毒素，包括室內空氣污染物、環境荷爾蒙等。最後，釐清養生觀念及迷思，為身體存出健康力！

未來更幸福！
退休前必修的12堂課

總　編　輯／葉雅馨
主　　　　編／楊育浩
執 行 編 輯／蔡睿縈、林潔女、張郁梵
採 訪 整 理／張慧心、梁雲芳、葉語容、吳佩琪、林潔如
封 面 設 計／比比司設計工作室
內 頁 排 版／陳玟憶

合 作 出 版／財團法人寶佳公益慈善基金會

出 版 發 行／財團法人董氏基金會《大家健康》雜誌
發行人暨董事長／謝孟雄
執　行　長／姚思遠

地　　　　址／台北市復興北路57號12樓之3
服 務 電 話／02-27766133#252
傳 真 電 話／02-27522455、02-27513606
大家健康雜誌網址／healthforall.com.tw
大家健康雜誌粉絲團／www.facebook.com/healthforall1985

郵 政 劃 撥／07777755
戶　　　　名／財團法人董氏基金會

總 經 銷／聯合發行股份有限公司
電　　　　話／02-29178022＃122
傳　　　　真／02-29157212

法 律 顧 問／眾勤國際法律事務所
印 刷 製 版／緯峰印刷股份有限公司
版權所有・翻印必究

出版日期／2019年6月5日初版
定價／新台幣380元

國家圖書館出版品預行編目(CIP)資料

未來更幸福!退休前必修的12堂課 / 葉雅馨總
編輯. -- 初版. -- 臺北市：董氏基金會<<大家
健康>>雜誌, 2019.05
　　面；　公分
ISBN 978-986-97750-1-4(平裝)

1.老年 2.生活指導

544.8　　　　　　　　　　　108006321